H. RYE-CLAUSEN

Die Hostienmühlenbilder

im Lichte
mittelalterlicher Frömmigkeit

CHRISTIANA-VERLAG CH-8260 STEIN AM RHEIN

© 1981 der Verfasser
Auslieferung: CHRISTIANA-VERLAG, CH-8260 STEIN AM RHEIN
Druck: Meierhof-Druckerei, O. Gyr, CH-5400 Baden
Gedruckt in der Schweiz

ISBN 3 7171 0794 1

Ego sum panis vitae.
Io. VI, 48.

In memoriam
Dr. J. O. Arhnung

INHALTSVERZEICHNIS

	Vorwort	7
I	Voraussetzungen	9
II	Geistig verwandte Darstellungen	15
III	Vorläufer	21
IV	Die Mühlenlieder	27
V	Die Hostienmühlenbilder	40
VI	Typen	43

A   2 Miniaturen

VII	Metten	50
VIII	Gnadental	52

B+F   8 Wandgemälde

IX	Eriskirch	57
X	Loffenau	60
XI	Malmsheim	64
XII	Beinstein	66
XIII	Mundelsheim	68
XIV	Steeg	71
XV	Siezenheim	74
	siehe Kapitel XXX	

C   10 Tafeln

XVI	Doberan	78
XVII	Göttingen	82
XVIII	Rostock	88
XIX	Padua	91
XX	Ulm	97

XXI	Retschow	. . . .	100
XXII	Worms	. . . .	103
XXIII	Tribsees	. . . .	105
XXIV	Erfurt	. . . .	117
XXV	Gleinig	. . . .	120

D	3 Glasgemälde

XXVI	Tamsweg	. . . .	121
XXVII	Bern	. . . .	125
XXVIII	Nürnberg	. . . .	146

E	1 Holzschnitt

| XXIX | Holzschnitt | . . . . | 149 |

F	Nachtrag

| XXX | Gryta (Wandgemälde) | . . . . . . | 151 |

Kommentare 153
Kurzgefasste Bibliographie 205

Abbildungen 217

Übersichts-Tafel 241

Abkürzungen der biblischen Bücher sind bei Citaten aus der Jerusalemer-Bibel mit den darin angegebenen identisch.
Entsprechende Abbreviationen bei Citaten aus der Vulgata werden hier im allgemeinen vermieden — und die Benennungen werden Lateinisch geschrieben.

*Die Hostienmühlenbilder
im Lichte mittelalterlicher Frömmigkeit*

VORWORT

Ein Hostienmühlenbild ist eine besondere, spätmittelalterliche und allegorische Darstellung der christlichen Soteriologie und Transsubstantiationslehre — unter dem Bild einer Mühle.

Der Zweck dieser Arbeit ist in erster Linie, den geistigen Hintergrund der Hostienmühlenbilder zu erläutern. Es geht also hier weniger um eine kunstgeschichtliche Würdigung als darum, ein tieferes Verständnis für die Aussage dieser Bilder zu schaffen und sie in einem grösseren Zusammenhang, in einer weiteren Perspektive, zu sehen. Wir müssen deshalb versuchen, sie im Lichte mittelalterlicher Frömmigkeit und Mystik — sowie auf dem Hintergrund der Patrologie — zu sehen, denn hier haben sie ihre Wurzeln. Wir streben aus dem Schein in das Wesen, aus dem Atrium in das Adyton.

In zweiter Linie ging es mir darum, eine vollständige Übersicht über die Hostienmühlenbilder zu geben; eine solche gab es bis heute nicht.

Bis jetzt sind 24 Hostienmühlenbilder bekannt, alle nach demselben Schema gestaltet. Um nicht alle Gedanken wiederholen zu müssen und dadurch das Lesen zu erschweren, gebe ich zunächst eine kurze Beschreibung, dann werden die verschiedenen Aspekte — theologische, liturgische, symbolische, literarische, kulturgeschichtliche etc. — behandelt, wo die Bilder dazu am meisten Anlass geben. Diese Disposition mag vielleicht dem Traktat weniger Geschlossenheit verleihen — dafür aber (im Geiste mittelalterlicher Universalität) viel mehr Breite; und sie ist sicher am zweckmässigsten, wenn es sich um 24 verschiedene Bilder innerhalb eines einzelnen Bildtypus handelt. Als Fundament haben mir

VORWORT

die Biblia Vulgata Clementina (tertia editio) und die Jerusalemer Bibel gedient.

Die Anregung zu dieser Arbeit bekam ich vor vielen Jahren durch einen Besuch im Berner Münster. Vielen schulde ich Dank für Interesse und Entgegenkommen: Denkmalinstitutionen und Museen, besonders in Deutschland, Archiven und Bibliotheken im Vatikan, in Italien, Deutschland, Österreich und der Schweiz, dem eb. Erzbischöflichen Ordinariat zu Salzburg — und, nebst vielen anderen Persönlichkeiten, P. Professor H. Huber, CSsR, Rom, und C. Professor Georg Staffelbach, Luzern. Den Pfarrherren der vielen Kirchen, die ich aufsuchte, gebührt auch ein recht herzlicher Dank für ihr Wohlwollen. Last, not least, gehen meine Gedanken an meinen alten Freund Dr. J. O. Arhnung, einen hervorragenden Mediävisten; er wurde nie müde, mich aufzufordern, diese Arbeit zu vollenden.

Graubünden, am Feste des Fronleichnams 1980.

Der Verfasser

> Urbs beata Hierusalem
> dicta pacis visio,
> quae construitur in caelis
> vivis ex lapidibus.[1]

I. KAPITEL

VORAUSSETZUNGEN

Für die romanische Welt war Christus und das Göttliche etwas Fernes, Unnahbares, etwas Erhabenes, Königliches, ja sogar Erschreckendes. Mit Abt Suger[2] und noch mehr unter dem Hl. Bernhard von Clairvaux[3], dem Hl. Franciscus[4] und dem Hl. Bonaventura[5] begannen sich neue Gedanken vorzudrängen; «amor tollit timorem» sagt der Hl. Bernhard. Christus wurde jetzt weniger als Maiestas, sondern viel mehr als frater noster, als leidender Bruder und Erlöser aufgefasst und dargestellt. Ein Psalter (um 1200) bringt diese Gedanken deutlich zum Ausdruck in folgender Anrufung:

> Per illas lacrimas,
> Quibus lacrimasti, quando
> Lazarum resuscitasti —
> Per illas lacrimas
> Libera me et exaudi me.

(Universitätsbibliothek, Freiburg i. Br. Die betreffende Pagina ist von dem leidenden Erlöser am Kreuz beherrscht). Die romanischen Kirchen standen sozusagen unter dem Signum des Hl. Michael — die gotischen Kathedralen unter dem Signum von Notre-Dame.

Diese Entwicklung ist eng mit den geistigen und materiellen Zeitverhältnissen verknüpft. Ich werde hier nur vier Züge von der anbrechenden Gotik kurz erwähnen: Erstens, die Gefühlsbetontheit; es war ja die Stunde der Minnelieder — und der Anfang der

I VORAUSSETZUNGEN

grossen Mystik; das Leben des mittelalterlichen Menschen — und besonders im Spätmittelalter — trug den Stempel des inniglichen Engagements. Zweitens, ein gewisser Realismus durch das Aufkommen der Universitäten und der Stadt- und Bürgerkultur. Auch die Kreuzzüge haben hier gewiss eine Rolle gespielt. Auf den ersten Blick scheinen die zwei Züge (Gefühlsbetontheit und Realismus) unvereinbar; dies war aber damals nicht so — siehe z. B. den Hl. Franciscus. Drittens, der — wohl besonders durch die Kreuzzüge vermittelte — Impuls von Osten, wo die Darstellung des leidenden Christus (zumal in Syrien) seit dem 4. Jahrhundert verbreitet war; in der Ostkirche ist ja auch der Karfreitag («Grosser Freitag») seit jeher ein Tag von ganz eminenter Bedeutung im Ostercyclus. Viertens, das eigene Leid der Zeit: Kreuzzüge, Enttäuschungen, Saracenenangst und Mongolenschreck, Seuchen und Seelenqual. Diese Jüngste-Gericht-Stimmung des 12. Jahrhunderts wiederholte sich im 14. und 15. Jahrhundert, die Jahrhunderte der Pest und der Auflösung (drei gleichzeitige Päpste und Osmanendrohungen). — Das Bild ist ja immer Ausdruck seiner Zeit; und so entstand allmählich die Darstellung Christi als leidender und verständnisvoller Erlöser.

Dies führte zur grossen Verehrung des corpus passibile[6], und es bereitete den Boden für die Stiftung des Fronleichnamsfestes durch Papst Urban IV. im Jahre 1264. Dieses Fest zu Ehren des Allerheiligsten Sakramentes wurde auf Anregung der Hl. Juliana von Lüttich[7] 1246 in der dortigen Diöcese eingeführt; damals war Jacques Pantaléon aus Troyes Archidiakon zu Lüttich. Im Jahre 1261 bestieg er den Papstthron als Urban IV.[8] Im selben Jahr führte er das Fest-Officium an seinem Hof zu Orvieto ein, und sein magister palatii, das heisst theologischer Berater, hat es verfasst; dieser Magister war kein Geringerer als Thomas Aquinas[9]. Wie oben erwähnt, wurde das Fest[10] im Jahre 1264 in der Kirche eingeführt; seit 1317[11] breitete es sich rasch aus.

I VORAUSSETZUNGEN

Diese immer grössere Verehrung des Corpus Christi rief einen Drang zur «Schau»[12] hervor, und er wurde durch die früher erwähnten Gedanken gefördert, dass das Göttliche uns nicht länger streng und fern gegenübersteht, sondern uns hilfbereit und nahe, uns gegenwärtig zur Seite steht. «Mîn wesen hanget daran, daz mîr got nahe unde gegenwertîc sî» (Meister Eckhart 1260—1328). «Deus tremendae maiestatis» und «Christus triumphator» sind zu «Deus propinquus» und «Christus patiens» geworden. Vergleiche «Beau Dieu»-Skulptur (2. Viertel des 13. Jahrhunderts) am Trumeau des Mittelportals (Jo. X, 9) an der südlichen Querschiffsfassade von Chartres. Der Hl. Anselm von Canterbury schreibt (Meditationes): «Süsser ist es zu betrachten, wie Du als Mensch Menschliches getragen, denn als Gott Göttliches getragen hast»; und der Hl. Bernhard von Clairvaux sagt: «Der Güte ist zugekommen, was an Maiestas verlorengegangen ist» (Serm. in cant. LXXIII; Patr. Lat. CLXXXIII, 1138).

Diese Entwicklung hatte für die Kunstgeschichte grosse Folgen. Das zeigt sich an den Kirchengeräten, vor allem an der Monstranz — und an den Kirchenfassaden, die oft mit Sonnenfenstern[13], Rosen genannt, Monstranzen ähnelten, eine sich gegenseitig befruchtende Wechselwirkung. Es zeigt sich auch an den Hostienmühlenbildern, die uns — manchmal mit stark gotischem Realismus — die geistigen Wahrheiten vor Augen führen.

Das Bild war eng mit Leben und Glauben verbunden. Es war die Idee in ihrer unmittelbaren Wirklichkeit, es war Daseinsdeutung. Das Bild zeigte über sich selbst hinaus — und wurde ein anschaulich-gewordener Gedanke. Es war nicht allein da, um diejenigen, die nicht lesen konnten, zu belehren über das, was sie glauben sollten; es war mehr als ein Text-Ersatz, es war eine Text-Erweiterung, eine lectio continua; dies kommt besonders deutlich zum Ausdruck in den spätmittelalterlichen Sakral-Bildern, die oft von einer neoplatonisch-mystischen Symbolik durchdrungen sind.

I VORAUSSETZUNGEN

Das Hostienmühlenbild ist ein Mysterienbild und hat eine weitere Funktion als ein Erzählerbild; Worte machen das Unendliche endlich (vgl. 2. Kor. III, 6); Symbole heben den Geist über die Grenzen des Werdenden in das Reich der Unendlichkeit. Das Wesentliche liegt immer jenseits aller Worte. «Mens hebes ad verum per materialia surgit» (Der dumpfe Geist erhebt sich zur Wahrheit durch das, was materiell ist), schrieb Abt Suger am Tore der Abtei von St. Denis (Paris). Bei Begriffen wie Unendlichkeit und Ewigkeit lag der Bedeutungsaccent in der mittelalterlichen Mystik eher auf dem Qualitativen als auf dem Quantitativen.

Das sakrale Bild diente weniger als Belehrung denn als Erläuterung — es war vestigium ad Deum. Die Kunst als göttlich und menschlich zugleich zu bewerten, das ist Gotik, das ist Mystik. Die gotischen Bildgestalten sind Diesseits und Jenseits zugleich: Diesseits in ihrer Bewegtheit — Jenseits in der Art ihrer Bewegtheit, die über den Körper hinausgeht. Per visibilia ad invisibilia, das war der Auftrag der Kirche an die Kunst. «Mundus sensibilis simulacrum est, in Creatoris speculationem multiplici considerationum subtilium via mentem deducens» (Dionysius der Karthäuser: De contemplatione LXIX. Die wahrnehmbare Welt ist ein Abbild, das den Geist auf vielfachen Wegen subtilster Betrachtung zur Anschauung des Schöpfers führt). «Universus ... mundus iste sensibilis quasi quidam liber est scriptus digito Dei ..., et singulae creaturae quasi figurae quaedam sunt non humano placito inventae, sed divino arbitrio institutae ad manifestandam invisibilem Dei sapientiam ...» (Hugo von St. Victor: Eruditiones didascalicae VII, IV. Die ganze ... wahrnehmbare Welt ist wie ein Buch, das von dem Finger Gottes geschrieben wurde ..., und die einzelnen Geschöpfe sind den Figuren zu vergleichen; sie sind jedoch nicht nach menschlichem Ermessen, sondern nach göttlichem Willen eingefügt, um die unsichtbare Weisheit Gottes kundzutun).

Das mittelalterliche Symbolverständnis war viel tiefer als das

I VORAUSSETZUNGEN

heutige. Das Symbol war nicht in unserem Sinne des Wortes zu verstehen: als Abbild, als «für etwas stehend», als «etwas ankündigend» — sondern in dem viel innigeren Sinne des Mittelalters: die untrennbare Zusammengehörigkeit und Übereinstimmung; das griechische symballein bedeutet ja «zusammenwerfen», «zusammenfügen». Dieses «Zusammengeworfensein» von absolutem Grund und Bildgestalt im Symbol ist nicht Identität (wenngleich das Symbolverständnis des Menschen sie immer erstrebt), sondern Vermittlung zwischen der Einheit und Bedingtheit der konkreten Gestalt einerseits und der Unendlichkeit und Absolutheit des Grundes anderseits. Symbol ist also nicht zu verstehen als Symbol von etwas (als Abbild von etwas anderem), sondern als Symbol aus etwas (d. h. Zusammenfügung von gegensätzlichen Teilen einer Ganzheit). Es ist also viel mehr als ein blosses (Kenn-)Zeichen. George Ferguson (ein bekannter amerikanischer Kunsthistoriker) schreibt: «A symbol resembles. It has acquired a deeper meaning than the sign, because it is more completely identified with what it represents, and its character is derived from what is known by it.» (Signs and Symbols in Christian Art. New York 1961, S. 8).

Die Symbolik hat sich im Mittelalter zur subtilsten Höhe entwickelt. Das Symbol ist Exegese. Durch die wahrnehmbare «Wirklichkeit» führt es uns die ewige und unwahrnehmbare Wahrheit vor Augen — und macht sie uns gegenwärtig. Für die mittelalterliche Mystik war Wahrheit oft Synonym für Offenbarung. Das Sakralbild ist Bekenntnis zur Offenbarung.

Obwohl wir es heute vielleicht nicht so empfinden, weil uns die Voraussetzungen fehlen, war die mittelalterliche Sakralkunst durchaus volkstümlich (im besten Sinne des Wortes), weil sie dem Herzen des Volkes entsprang. Nichts kommt in der Kunst des Mittelalters zum Ausdruck, was nicht im Bewusstsein des Volkes lebt. Von ihrem Tor geht niemand ohne Gabe.

Das mittelalterliche Sakralbild spricht — wie der Mythos —

von jenseitigen Wirklichkeiten in diesseitigen Kategorien. Es ist Verkündigung, es ist aber noch mehr: es ist Vergegenwärtigung, und nur so kann es am Mysterium teilhaben — wie ja auch die Hl. Messe mehr ist als Verkündigung allein. Das Bild ist aus einem tiefen Drang erwachsen, die unsichtbaren Dinge sichtbar zu machen, das Unendliche in dem Endlichen zu fassen: Das Bild als Mikrokosmos.

Der Mystiker — der nihilistische ausgenommen —, der seiner Religion neue symbolische Deutung gibt, entdeckt eine andere Dimension, eine neue Tiefe, innerhalb seiner eigenen Überlieferung.

Es ist hier nicht der Ort, eine zusammenfassende Darstellung der sehr komplexen Geistes-Strömungen, die man als mittelalterliche Mystik bezeichnet, zu geben.[14] Als Mystik wird hier nur die kirchliche — besonders die victorinische — verstanden und wird nur insofern behandelt, als sie als Voraussetzung für die Hostienmühlenbilder in Frage kommt — und inwieweit sie das zeitgenössische Verständnis für diese Bilder beeinflusst haben könnte. Deshalb sind die betreffenden Aspekte der Mystik unter die einzelnen Kapitel zerstreut, um da hervorgehoben und gewürdigt zu werden, wo Anlass dazu gegeben ist.

«... torcular est santa crux»
Herrad von Landsberg.[1]

II. KAPITEL

GEISTIG VERWANDTE DARSTELLUNGEN

Verwandt mit den Hostienmühlenbildern — aber älter als diese — sind die sogenannten Kelterbilder. Das Thema von der Kelter geht sehr weit zurück; die früheste nachweisbare Darstellung von der mystischen Kelter begegnet uns aber erst (jedenfalls im deutschen Sprachraum) um 1108 in einem Deckengemälde in Kleinkomburg[2].

Christus wird in diesen Bildern als Trauben tretend[3] gezeigt, oder er wird unter dem Kelterbalken, der oft die Form eines Kreuzes hat, selbst gepresst[4].

Besonders die älteren Darstellungen tragen oft die Inschrift: «torcular calcavi solus»[5], welche von den mittelalterlichen Exegeten als Allegorie auf die Leiden Christi angesehen wurde und sich auf die Apokalypse bezog: «und er selber tritt die Weinkelter...»[6]; gleichermassen hat man wohl in dieser Beziehung auch an die Aussage in Gen. IL, 11 gedacht[7].

Schon Iustinus[8] und Irenäus[9], später Tertullianus[10] und Cyprianus[11] sahen in Gen. IL, 11 und Js. LXIII, 2, 3 eine Prophezeiung auf das blutige Opfer Christi und die eucharistische Wandlung des Blutes. Solche Gedanken lebten weiter in das Mittelalter hinein; und Christus wurde nicht nur als (die passiv gepresste) Traube, sondern auch als (der aktiv pressende) Kelterer betrachtet: «Allein hat er die Kelter getreten, in der er selbst ausgepresst wurde, da er das Leiden ertrug und überwand, bis zum Tode duldend aushielt und glorreich vom Tode erstand»[12] und «Er kelterte, indem er sich selbst für uns hingab; er wurde wie eine Traube gekeltert,

II GEISTIG VERWANDTE DARSTELLUNGEN

da er unter dem Drucke des Kreuzes den Wein von der Hülle des Körpers ausscheiden liess.»[13]

Im Laufe des 15. Jahrhunderts entwickelte sich das Kelterbild deutlich gegen eine eucharistische Darstellung, jedoch ständig den Passionscharakter stark unterstreichend.[14] Wohl war der eucharistische Aspekt schon früher angedeutet, aber erst um die Mitte des 15. Jahrhunderts drang dieser Gedanke richtig durch.[15] Vinea Christi wird auch Eucharistia Christi. Die Kirche ist, kraft des in ihr immer wirkenden mysterium crucis «... die Kelter ewig strömenden Quells, in der uns die Frucht des himmlischen Weinstocks überquillt»[16]. Ein Kasel-Kreuz des 15. Jahrhunderts aus Brakel (bei Höxter) trägt ein Kelterbild.

Besonders um 1500 finden wir Zwischenformen[17] von Kelter- und Hostienmühlenbildern und Bilder, in denen die Wunden Christi als Quelle des Lebens[18] und als Gnade der Taufe[19] aufgefasst sind. Kelterbilder sind weit in Zeit und Raum verbreitet (im Gegensatz zu den Hostienmühlenbildern); sie wurden bis in die neuere Zeit hinein hergestellt[20] und sind in grossen Teilen Mitteleuropas, ja selbst in Schweden[21] zu finden.

Das Motiv der Kelterdarstellungen geht auf eine biblische Grundlage (Js. LXIII, 1-4) zurück. Die Hostienmühlenbilder sind wohl aus dem Bedürfnis entstanden, eine Parallele zu den Kelterbildern zu schaffen und sind, obwohl die biblische Grundlage nicht fehlt (Jo. I, 14 und VI, 48 seq.), vielmehr eine Erfindung mittelalterlicher Frömmigkeit und Mystik.

Eine Variante zu dieser Darstellung ist der Schmerzensmann, Vir dolorum auch Imago pietatis, Piété de Notre-Seigneur, Misericordia Domini und Fons pietatis genannt — oder (besonders seit

II GEISTIG VERWANDTE DARSTELLUNGEN

dem 15. Jahrhundert) Ecce homo. Die zahlreichen Namen erklären besser als viele Worte, welche Bedeutung man diesem Bilde beimass, und mit welcher Liebe man den Gegenstand des Bildes umfasste.

Manchmal treffen wir den Schmerzensmann (in Darstellungen der Hl. Messe) als eucharistischen Christus, d. h. als dargebrachtes und immer dargebotenes Opfer. Besonders bei der «Gregormesse» wird das deutlich: z. B. Gemälde in Soest 1473, Köln um 1480, Utrecht 1486 (vgl. auch Kap. VI) oder auf einem Epitaphion (epitaphios = beim Grabe) des 14. Jahrhunderts: Christus auf dem Salbstein zwischen Scenen der Apostel-Kommunion (Athen, Byzantinisches Museum, Inv.Nr. 685). Ein Epitaphion ist ein orthodox-liturgisches Ostertuch.

Das Schmerzensmann-Bild hat seine Wurzeln in der Liturgie-Kunst der orthodoxen Kirche (der eucharistische «basileus tes doxes», König der Herrlichkeit). Im Occident entwickelt es sich im Laufe des Mittelalters — in Zusammenhang mit der Mystik und der Verbreitung des Fronleichnamsfestes — zu immer grösserer Beliebtheit und Verehrung: frôn lichnam bedeutet ja schliesslich Leib des Herrn: Corpus Christi; nur im Altar-Sakrament war der Herr und Erlöser mehr real und gegenwärtig. Der Bezug zwischen Bild und Betrachter war deshalb hier von einer seltenen Unmittelbarkeit und Inbrunst beseelt.

Ich weise auf ein Epitaph des Paul Straus hin. Das Bild von 1469 zeigt den eucharistischen Christus, und aus Seinen Wunden spriessen Ähre und Weinranke; zur Seite Christi schwebt eine Hostie über einem Kelch, und Korn und Trauben neigen sich zu beiden Seiten der Hostie; Werkstatt Friedrich Herlin (siehe S. 99), Städtisches Museum, Nördlingen. Eine ähnliche Schmerzensmann-Darstellung befindet sich in dem Furtmeyr-Missale von 1481 (Initiale zu Te igitur); Staatsbibliothek, München (Clm. 15710, fol. 76 r); hier sogar tragen die Ähren Hostien. Dieser Typus des eucharisti-

II GEISTIG VERWANDTE DARSTELLUNGEN

schen Schmerzensmannes gehört dem 15. Jahrhundert an.

Das Bild des Schmerzensmannes ist mehr aus der mystischen Kontemplation des Mittelalters als aus theologischen Vorstellungen hervorgegangen. Es ist ein ausgesprochenes Meditationsbild. Oft waren die Darstellungen Skulpturen, die — wie die Gemälde — eine sehr weite Verbreitung fanden.

In der zweiten Hälfte des 16. Jahrhunderts werden diese — oft sehr realistischen — Bilder seltener, in der protestantischen Kirche wohl besonders ihres Ablasscharakters[22] wegen; in der katholischen wurden sie durch Kelter-, Gnadenstuhl-, Kreuztragungs- und (besonders seit 1675) Herz-Jesu-Darstellungen[23] verdrängt.

Eine etwas entfernter verwandte Form, die Ährenkleid-Madonna, müssen wir hier kurz erwähnen; dieses Bild kommt im 14. Jahrhundert auf: Maria als Jungfrau und Gottesmutter.

Die Marienverehrung hat ihre theologischen Wurzeln im Theotokos-Begriff[24]. In der orthodoxen Kirche wurde am Verkündigungstag (25. März) vorgelesen: «Wie ein ungepflügter Acker liessest du hervorgehen die göttliche Ähre.» Schon im Hohenlied[25] heisst es: «Dein Leib gleicht einem Weizenhaufen, eingefasst mit Lilien»[26]. Bei Venantius Fortunatus (um 530—600), Bischof von Poitiers, wird Maria (In laud. Virg.; Patr. Lat. LXXXVIII, 281) «Dignus ager Domini» genannt. Das obengenannte Bild vom Hohenlied wurde auf Maria bezogen — Maria als «der gute Acker, welcher ohne Saat Getreidehaufen hervorbrachte»[27]. Und Christus wird als «daz edel weisen korne»[28], das vom Acker emporspross, bezeichnet. Mit der Inschrift «electa ut sol, pulcra ut luna» (zwei anderen Ehrenbezeichnungen Marias) auf der Statuette der Mailänder Ährenkleidmaria Solaris wird auf die Sponsa des Hohenliedes hingewiesen (Cant. Cant. VI, 9)[29].

II GEISTIG VERWANDTE DARSTELLUNGEN

Die Hl. Jungfrau ist auf den meisten Ährenbildern in einem Kleid, übersät mit Ähren[30] — oder mit einem Hintergrund von Ähren[31] —, dargestellt. Die Madonna-Gestalt[32] nimmt überhaupt eine centrale Stelle in dem Frömmigkeitsleben und in der Kunst der Gotik ein und muss selbstverständlich in den Hostienmühlenbildern eine besonders hervorragende Rolle spielen — als Werkzeug Gottes bei der Incarnation und als Acker für «daz ware himelbrot»[33].

Granum florens in fertili	Korn aufblühend in dem fruchtbaren
Agro ventris virginei,	Acker des jungfräulichen Leibes,
Sacro satum spiramine ...	gesät vom Heiligen Geist ...
Fit panis in coenaculo.[34]	wird zu Brot im Kämmerlein.

Die Ähren sind als Sinnbild für das Brot des Lebens zu verstehen. Weizenhalme vor der Wiege des Christuskindes deuten auf die Hostie hin.[35] Beim Portinari-Altar (gemalt um 1476 von Hugo van der Goes; Florenz, Uffizien) liegt vor dem Jesuskinde ein Bündel Ähren; auf dem rechten Flügel des Kaisheimer-Altars (1502, Hans Holbein d. Ä.) ist das göttliche Kind auf Ähren gebettet (Bayerische Staatsgemälde-Sammlung, München).

Die Ährenkleidmadonna (wie das Verkündigungsbild) ist eine Darstellung der Maria immaculata concipiens und der Maria porta coeli zugleich.

Incarnation und Eucharistie sind eng miteinander verbunden (siehe S. 45 seq.). In der Lehre von der Menschwerdung ist die Einigung des göttlichen Lebens mit der menschlichen Natur, in der Lehre vom Altar-Sakrament die Erhebung der menschlichen Natur zur Teilnahme am göttlichen Leben ausgesprochen.

Seit der Antike — und bei vielen Völkern — waren die Gedanken von Korn und Wein eng miteinander verknüpft. Die sumerische Korngöttin, Ianna, war zugleich Göttin des Weins. Osiris war Korn- und Weingott. Und Maria, «der hailige acher»,

II GEISTIG VERWANDTE DARSTELLUNGEN

war auch Schutzherrin der Winzer. An der Mosel schmückt man noch das Standbild der Hl. Jungfrau an Mariä Himmelfahrt (15. August) mit den ersten Weintrauben. In der kabbalistischen Gematrie hat Brot (lechem) den Zahlenwert 78, Wein (jajin) 70 und Osterfest, Mahl (pesach) 148 (= 78 + 70).

In Martin Schongauers «Heiliger Familie» um 1485 (Kunsthistorisches Museum, Wien) greift das kleine Christuskind nach der Traube: ein Hinweis auf die Eucharistie[36]. Und Jesus ist in seinen Gleichnissen nicht nur der Sämann, sondern auch der Winzer.

Sowohl Ähren als Wein — als Symbiosen aus Erdtiefe und Lichthöhe — sind Träger des heiligen Mysteriums und stehen in der christlichen Kunst symbolhaft für Christus.

Und Maria selbst wird als vas honorabile[37] verstanden — als calix sanctus, der den panis vivus umschliesst[38].

> Nunquam enim ratio ad invisibilium
> contemplationem assurgeret, nisi
> ei imaginatio rerum visibilium
> formas repraesentando exhiberet.[1]

III. KAPITEL

VORLÄUFER

«Duae molentes in mola: una assumetur, et una relinquetur.» Diese Bibelstelle aus Mt. XXIV, 41 (vgl. Lk. XVII, 35) ist eine Weltgerichts-Weissagung und hat — obwohl hier von einer Mühle gesprochen wird — im Grunde genommen wenig mit unserem Hostienmühlenbild zu tun. Die Kirchenväter und die Theologen des Mittelalters sahen in den zwei Frauen auch Ecclesia und Synagoga[2] und in den Mühlsteinen das Alte und das Neue Testament[3]. Die Ecclesia mahlt den Weizen, der von dem sol salutis gereift wurde, und von Gott angenommen wird; die Synagoga versucht vergebens nassen Weizen zu mahlen, sie kann das Korn von der Kleie nicht trennen (vgl. «Tollis agendo molam ...» S. 22).

Die Hostienmühle (das Brot) ist gewissermassen — eucharistisch gesehen — ein Pendant zur Kelter (dem Wein). Der Eucharistie-Gedanke war aber (und dies betrifft beide Darstellungen) ursprünglich nicht der vorherrschende. Gleichwie die frühen Kelterbilder eher als (anticipierte) Passionsbilder zu interpretieren waren, so waren die ersten Hostienmühlenbilder als Offenbarungsbilder zu verstehen.

Das frühest bekannte Mühlenbild ist eine Stein-Skulptur eines Säulenkapitells in der Benediktiner-Abtei in Vézelay[4]. Das Bild stammt aus den Jahren um 1130 und stellt einen Propheten (oder

III VORLÄUFER

Moses?) dar, der Korn in eine Mühle schüttet; ein Apostel (Paulus?) nimmt das Mehl in einem Sack entgegen.[5]

Ein anderes Bild, das leider verlorengegangen ist, kennen wir durch eine Beschreibung des hervorragenden Benediktiners Suger[6]. Es war ein anagogisches Glasgemälde, das er um 1144[7] für seine prächtige Kirche St. Denis bei Paris anfertigen liess. Hier sah man Moses Korn zu der Mühle tragen, deren Rad der Hl. Paulus drehte; die Inschrift lautete:

> Tollis agendo molam de furfure, Paule, farinam.
> Mosaicae legis intima nota facis.
> Fit de tot granis verus sine furfure panis,
> Perpetuusque cibus noster et angelicus.[8]
> Du entnimmst, indem du die Mühle bewegst, Paulus,
>   den Kleien das Mehl.
> Von Moses' Gesetz machst du das zutiefst liegende bekannt.
> Es entsteht aus so vielen Körnern echtes Brot ohne Kleie
> und unsere und auch der Engel immerwährende Speise.

Eine dritte Darstellung — ebenfalls in Frankreich — gehört thematisch hierher. Es ist eine Paulus-Skulptur[9] am Westportal von St. Trophime[10] in Arles. Paulus hält hier ein Schriftband in seiner linken Hand und zeigt mit der rechten auf den kaum mehr lesbaren Text:

> Lex Moisi celat, quae sermo Pauli revelat,
> Nam data grana Sinai per eum sunt facta farina.[11]
> Moses' Gesetz verbirgt, was die Predigt des Paulus offenbart,
> denn die auf dem Sinai gegebenen Körner sind durch ihn
>   zu Mehl geworden.

Die Deutung dieser Bilder ist klar. Die Menschen jener Zeit waren gewohnt, biblische Darstellungen typologisch zu betrachten — und traditionsgemäss damit vertraut, Christus, sein Wort und seine Lehre mit Brot des Lebens gleichzusetzen und so zu verstehen.[12]

Jesus hatte ja auch selbst oft in seinen Gleichnissen und anderswo vom Sämann, dem Korn und dem wahren Brot, dem Brot der Offenbarung und dem Brot des Lebens gesprochen.[13] Dieselben Bilder übernahmen die Kirchenväter und weitere Theologen — und nach ihnen die Künstler.

In diesen alten französischen Darstellungen sah man also das ungemahlene Korn (die Moses auf dem Sinai offenbarte Lehre) zur Mühle (das Neue Testament) gebracht, um da von Kleien gereinigt zu werden[14] und als das reine Mehl des Glaubens hervorzutreten; dieses Mehl wird von Paulus aufgesammelt, um — als Brot — unter den Völkern ausgeteilt zu werden[15]. Und dies, das Brot des Neuen Bundes, ist nicht nur Christus in seiner Lehre, sondern auch in der Hl. Eucharistie.[16]

Der Gedankeninhalt geht auf das 5. Jahrhundert zurück.[17] Im 12. Jahrhundet kommt er bei Rupert von Deutz (O.S.B., um 1070 bis 4. März 1129) zum Ausdruck, indem er die Deutung von Mt. XXIV, 41 vertieft und es mit Jo. XII zusammenhält: Wenn das Weizenkorn nicht in die Erde fällt und stirbt, bleibt es allein; wenn es aber stirbt, so bringt es viele Früchte (Jo. XII, 24). Nach orientalischer Redeweise spricht man nur vom ersten (Tod) und vom letzten Zustand (die Früchte, die erlöste Welt); das Zwischenstadium, das heisst die Auferstehung, wird nicht genannt. Cyrillonas (um 400): «Der Weizen bleibt still, wenn man ihn zermalmt, wie unser Herr, als man ihn richtete. Er schreit nicht, wenn man ihn tötet, sowenig wie unser Herr, als man ihn kreuzigte. Er überliefert sich der Hand, die ihn tötet, gleichwie unser Herr sich den Juden überlieferte. Er lässt seine Hülsen zurück, wie unser Herr die Leinentücher zurückliess bei seiner Auferstehung aus dem Grabe. Der Weizen schweigt, wenn man ihn zermalmt; er wird zur Leiche und lebt im Verborgenen wieder auf. Scheinbar ist er kläglich gestorben, aber in Wahrheit lebt und wächst er überschwenglich ... Der Weizen wird zur Tenne gebracht wie der Herr nach Sion, und von da zur Mühle wie jener zum Kreuze ... Ebenso hat unser Herr seinen Leib auf den Tisch des heiligen Altars gelegt; es verzehrten ihn die Völker, die nach ihm hungerten, und erlangten dadurch Kraft, den Tod niederzutreten.» (Zweite Hom. über das Pascha Christi; BKV 6, 43 seq.). Und der grosse Mystiker Heinrich Seuse (latein: Suso), 1295—1366, sagt: «Im Untergang werden alle Dinge vollbracht.» Man könnte es vielleicht auch so ausdrücken: Der Tod gewinnt erst in der Auferstehung seine Erfüllung und Vollendung (« ... ut panis mundus inveniar»; siehe S. 27 und vgl. Jo. XII, 24).

In erster Linie geht es in diesen Bildern um die Typologie, um die Concordia-Idee: das Alte Testament ist die Prophezeiung von dem Neuen — und das Neue ist die Erfüllung des Alten.[18] Paulinus a Nola[19] schreibt:

> Lex antiqua novam firmat, veterem nova complet;
> in veteris spes est, in nova fides.
> Sed vetus atque novum coniungit gratia Christi ...

Ein verwandter Gedanke: So wie das Alte Testament seine Erfüllung und Vollendung in dem Neuen findet, so wird das Zeitliche in dem Ewigen erfüllt und vollendet. Und bei Augustinus lesen wir (in «De catechizandis rudibus», 8): «In veteri testamento novum latet, in novo vetus patet.»

Concordia veteris et novi tesamenti ist ein vom frühesten Mittelalter[20] — systematisch ausgebaut in der Scholastik des 12. Jahrhunderts — beliebter Begriff, eine Gegenüberstellung ((ante legem) sub lege — sub gratia) von Begebenheiten und Personen im Alten

III VORLÄUFER

und «entsprechenden» im Neuen Bund — und zwar in einer typologischen Steigerung.

Die Concordia hat ihre Wurzeln in der Heiligen Schrift, und die Steigerung, dieses «mehr als», kommt besonders stark zum Ausdruck in Mt. XII, 41-42: «... und siehe, hier ist mehr als Jona ...» (Propheten-Typologie); «und siehe, hier ist mehr als Salomo» (Davidsohn-Typologie). Und Paulus spricht (Röm. V, 14) von Adam als Typos des Zukünftigen (Adam-Typologie).

Dass es bei diesen Vergleichen um heilsgeschichtliche Aufeinanderbezogenheit — und nicht um religionsgeschichtliche Parallelen — geht, liegt auf der Hand. Es stellt die komparative Steigerung dar: sub lege — sub gratia.

Die Typologie ist also viel mehr als eine Juxtaposition, und sie geht über die hermeneutische Methode hinaus; sie ist (besonders seit dem 12. Jahrhundert) eine pneumatische Betrachtungsweise mit Blick auf das Heil in Christo. Sie ist Präfiguration und Prophezeiung.

Nach der Definition des Hl. Thomas Aquinas sind Typen: «Personen, Sachen, Handlungen und Begebenheiten des Alten Testamentes, welche nach Gottes Absicht und Fügung so geleitet wurden, dass sie Zukünftiges vorausbezeichnen.» Die Typologie — im eigentlichen Sinne — enthält ausser Typ und Anti-Typ auch eine Steigerung und einen Weissagungsmoment. Sie setzt eine Gottesgeschichte in Vergangenheit, Gegenwart und Zukunft voraus. Der Hellenismus kennt wohl symbolische und allegorische Mythendeutung — aber keine Typologie. Die typologische Exegese hat ihre Wurzeln in der alexandrinischen Theologie.

Für uns entsteht zunächst das zeitliche Abbild — dann das überzeitliche Urbild. Christus ist Centrum der Welt; per ipsum et cum ipso et in ipso vollzieht sich eine Logik, die allein das Zeitliche mit dem Ewigen verbindet (vgl. Jo. I, 14 und siehe S. 174, 17).

III VORLÄUFER

Besonders bei den Cisterciensern wurde die Wissenschaft der Typologie gepflegt; vgl. «Pictor in carmine» (um 1200 in England geschrieben) und «Concordantia caritatis» (um 1360 in Lilienfeld, Niederösterreich). Vielleicht sind diese Studien als ein Kompromiss zu verstehen zwischen der ursprünglichen Bilderablehnung (Verordnungen der Jahre 1134, 1182, und 1240) ihres Ordens und dem nicht zu unterdrückenden Bilderbedürfnis in ihren Kirchen.

Erst im Laufe der Spätgotik wird der eucharistische Aspekt stärker betont, ja in einigen spätgotischen Bildern ist er sogar der überwiegende Gedanke. Latent war er immer vorhanden.

Seit den früher erwähnten drei französischen Beispielen aus dem 12. Jahrhundert kennen wir keine weiteren thematisch gleichen Darstellungen vor dem 15. Jahrhundert — und dann sind sowohl Inhalt wie äussere Erscheinung derart geändert, dass man kaum von Verwandtschaft im engsten Sinne sprechen kann.

Freu dich, Tochter von Sion,
Schöne Botschaft kommet dir,
Du sollst singen süssen Klang
Nach alles deines Herzens Gier.[1]

IV. KAPITEL

DIE MÜHLENLIEDER

Aus der Zeit nach dem 12. Jahrhundert kennen wir einige Lieder, die das Mühlenthema behandeln. Ja, nach dem protestantischen Pfarrer Johannes Winnigstedt[2] sollte das Sinnbild von der Mühle schon im 4. Jahrhundert vorgekommen sein. Er schreibt nämlich in dem Vorwort zu seinem Mühlenlied von 1552[3], dass er «ein teil[4] hat genommen aus einem Sermon des hl. Maximi[5], welcher der siebende Bischoff zu Mentz ist gewesen / vnd hat solchs geprediget vber das siebende Capitel Luce[6]. Denn werden zwene malen mit einander in einer Mülen / etc.» (Lk. XVII, 35). Die Schriften des Hl. Maximus sind indessen wahrscheinlich verlorengegangen[7], so dass die Richtigkeit von der Behauptung Winnigstedts sich nicht dokumentieren lässt, und wir nicht mit absoluter Sicherheit feststellen können, in welchem Sinne der Lukas-Text ausgelegt wurde.

«Frumentum Christi sum; dentibus bestiarum molar, ut panis mundus inveniar.» So schrieb der Hl. Ignatius (auch Theophorus, der Gottesträger, genannt) schon am Anfang des 2. Jahrhunderts (Brief an die Römer, 4-8). Er war der dritte Leiter (Bischof) der Kirche von Antiocha (der erste Leiter war — nach Origenes und den clementinischen Schriften — der Hl. Petrus). Ignatius hat selber in Rom unter Hadrianus den Märtyrertod durch wilde Tiere erlitten (um 117). Diese seine Worte waren auf seinen Märtyrer-

IV DIE MÜHLENLIEDER

tod bezogen. Der Gedanke war also, dass man durch das «Mahlen» (Christenverfolgung und Martyrium) als reiner empfunden wurde — oder hervorging.[8] Vergleich der Hostienmühlen-Idee: das göttliche Wort geht durch die Mühle (Christi Leben und Leiden) und wird zu einer reinen, heilbringenden Lehre und zum Brot des Lebens. In beiden Fällen: eine erhabene geistige Wandlung. Am Festtag des Hl. Ignatius (1. Februar) wurde im Missale Romanum vorgeschrieben: Lesung nach Johannes-Evangelium Kapitel XII (siehe S. 23); danach die Kommunion mit den Worten «Frumentum Christi sum ...» (siehe oben). Es sei bemerkt, dass, wenn man im Mittelalter (und in der frühchristlichen Zeit) von Heiligen sprach, weniger an Frömmigkeit gedacht wurde als an Menschen, die von Gott in Seinen Dienst angenommen wurden und ein wenig von Seiner Kraft und Seinem Segen ausstrahlten; sie haben sich auch selber als begnadigte Sünder verstanden — ganz im Geiste des Neuen Testamentes.

Es ist durchaus möglich, dass sich diese Gedanken vom «Mahlen» in den Jahrhunderten nach Ignatius erhalten und entwickelt haben. Damit hätten wir vielleicht eine Erklärung für die Gedanken (angeblich schon aus dem 4. Jahrhundert), die von Pfarrer Johannes Winnigstedt erwähnt werden.

Diese Gedanken aus der frühchristlichen Zeit wurden dann in der folgenden Zeit von den typologischen Vorstellungen verdrängt, sie tauchen dann wieder in der Spätgotik auf (besonders deutlich bei den Wandgemälden von Eriskirch, Loffenau und Mundelsheim).

In dem frühest bekannten deutschen Mühlenlied vom 13. Jahrhundert tritt die Concordia-Idee stark in den Vordergrund (wie auch in den Vorläufer-Darstellungen zum eigentlichen Hostienmühlenbild). So im Lied von König Tirol von Schotten; er gibt seinem Sohn Fridebrandt ein Rätsel zu lösen, in welchem die Mühle einen centralen Platz einnimmt.[9]

IV DIE MÜHLENLIEDER

Ein anderes Lied «Der rat von der müllen»[10] ist um das Jahr 1300 geschrieben — also bei dem beginnenden Hostienkultus[11] — von Meister Barthel Regenbogen[12]. Sowohl dieses Lied als das vorgenannte sind durch eine ausserordentlich reiche Symbolik gekennzeichnet. Die Gedanken aber stehen ziemlich weit von denjenigen, die in den Liedern und Bildern des 15. Jahrhunderts niedergelegt sind.

Um das Jahr 1400 treten die typologischen Aspekte etwas in den Hintergrund, um mehr Platz für die Incarnations-Idee[13] zu schaffen.

Ein Weihnachtslied, «In Natali Domini»:

> Terit mola farinula,
> Dum virgo parit tenera,
> ...[14]

wurde so populär, dass es in die deutsche Muttersprache übersetzt und mit Begeisterung vom Volke gesungen wurde:

> Die mul dy meldt das mell tzo klar,
> ein rein junckfraw ein kindt gebar,
> Is war der schepper himmels und der erden,
> her wolde von einer junckfrawen geboren werden.
> Machet ewer hertzer rein,
> entphott das himmlische kindt dorein, dorein.[15]

Ausser dem Incarnations-Gedanken bahnt sich auch mehr und mehr der Eucharistie-Gedanke seinen Weg. Das Brot ist jetzt — ausser Christi Lehre — auch Christi Leib; Christus ist das Brot des Lebens und des Sakramentes.[16] Dieser Aspekt kommt bei Muskatblüt[17] zum Ausdruck und übrigens auch bei Heinrich von Laufenburg. Die Synthese bei dem letztern ist: Maria (die Mühle) gebiert Jesus (das Weizenkorn), der durch seinen Opfertod zum reinsten Mehl wird, wovon das Himmelsbrot entsteht; und Muskat-

29

IV DIE MÜHLENLIEDER

blüt fügt hinzu, dass dieses zur Nahrung vieler Sünder ist — und «daz fur den dot dan ist gesont».

In der 8. Strophe seines Liedes «Christus das Weizenkorn»[18] singt Heinrich von Laufenburg:

> Das Körnli war gemalen
> ze reinem Simmelmeal,
> all in der Menschheit Schalen,
> do war es bleich und geal:
> Uf Mittentag ze none,[19]
> daz weizenkörnli frone,
> gab für uns Blut und Seal.

Man spürt in diesen allegorischen Strophen das lyrische Element des germanischen Volksgeistes. Denselben Gedankeninhalt wie diese Lieder haben die gleichzeitig hiermit entstandenen Hostienmühlenbilder, die auch kurz nach 1400 im deutschsprachigen Raum auftauchen: Der vom Evangelium verkündete Logos wird in der Mühle in Hostien gewandelt.

Es besteht also eine thematische Übereinstimmung zwischen diesen Liedern und den Bildern. Dass die Bilder von den Liedern abhängig sind, wie einige Kunsthistoriker[20] behaupten, ist durchaus möglich — aber nie bewiesen. Eher ist die Übereinstimmung in einer gemeinsamen geistigen Haltung begründet. Die Gedanken, die in den Hostienmühlenbildern niedergelegt sind, haften an dieser Haltung, die wiederum ihre Wurzeln in der Mystik und damit auch in der Patristik hat.

Obwohl man also nicht mit Sicherheit von einer Abhängigkeit des Bildes vom Lied sprechen kann, besteht doch zweifellos eine starke gegenseitige Beeinflussung zwischen den beiden Darstellungsformen. Wir wollen deshalb eines von diesen Liedern zunächst etwas näher anschauen.

Hier ist es vielleicht am Platz zu erwähnen, dass — wenn

IV DIE MÜHLENLIEDER

man von einer literarsichen Vorlage sprechen kann — vor dem 12. Jahrhundert fast nur die «objektive Sphäre der Heiligen Schrift» (wenn ich mich so mit Sedlmayr ausdrücken darf) als Vorlage in Betracht kam; später kam dazu die subjektive Sphäre der geistlichen (ja sogar profanen) Dichtung. Endlich darf man nicht vergessen, dass auch Liturgie, Mysterienspiel und Predigt bedeutende Inspirations-Quellen des Kunstschaffens darstellten.

Unter den zahlreichen Fassungen der Mühlenlieder, die uns aus dem 15. und 16. Jahrhundert bekannt sind, wird hier eine in Steinmanns Version wiedergegeben.[21]. Er versucht — nicht unwidersprochen[22] — die 24 Strophen mit der Messehandlung in Verbindung zu bringen. Er stützt sich dabei auf die — seit dem 9. Jahrhundert — zahlreichen Messerklärungen, besonders auf die Erklärung bei Durandus.[23] Dieser schreibt in seinem «Rationale»[24], Band IV, cap. 1, n. 11: «Weiter sehen wir, dass die Messehandlung in so wunderbarer Ordnung zusammengesetzt ist, dass sie alles enthält, was durch Christus von seiner Geburt bis zu seiner Himmelfahrt geschehen ist, und alles durch Worte und Zeichen wiederholt».[25] Dieselben Gedanken drückt Innocent III. in «De sacro altaris mysterio» aus (Patr. Lat. CCXVII, 773).

Diese Interpretationsweise der Liturgia divina — besonders wie sie bei Honorius Augustodunensis, Durandus und Innocent III. zum Ausdruck kommt — leitete eine Ausweitung und zugleich eine Änderung auf dem Gebiet der Symbolik und der Allegorie der christlichen Kunst ein.

Ich gebe das Lied mit Steinmanns Einteilungen wieder und füge eine «Übersetzung» bei.

Übrigens liegt es ausserhalb des Rahmens der gegenwärtigen Arbeit, die Parallelität zwischen Messehandlung und Mühlenlied zu untersuchen und zu würdigen; deshalb sind die diesbezüglichen Kommentare auf ein Minimum beschränkt.

IV DIE MÜHLENLIEDER

| DAT MÖLENLED | DAS MÜHLENLIED |

A) Die vorbereitenden Gebete

(Die betrachtenden Gebete vor der eigentlichen Messehandlung, die der näheren Vorbereitung des Priesters dienen und den Willen aussprechen, das Heilige Messopfer zu vollziehen, und in denen Gott um Hilfe und Beistand angerufen wird.)

1
Ene möl ik buwen wil;
Ach got, wüst ik wormede!
Had ik hantgerede
Und wüste worvan,
To hant so wolt ik heven an.

1
Eine Mühle will ich bauen;
ach Gott, wüsste ich womit!
Hätte ich Handgeräte,
und wüsste ich woraus,
so wollte ich gleich anfangen.

2
To holte[26] wil is varen hen,
De wolt en is nicht verne;
Hülpe hat ik gerne,
De de wüsten Wal,
Wo men böme vellen schal.

2
Zum Holz will ich hinfahren,
der Wald ist nicht fern,
Hilfe hätte ich gern,
solche, die wohl wüssten,
wie man Bäume fällen soll.

B) Confessio

3
De wolt de het sik Libanus[27],
Das wassen cedewer[28] schire,
Cipressen[29] an dem rivere
Und palmen[30] stolt,
Oliva[31] dat nütte holt.

3
Der Wald, der nennt sich Libanon,
da wachsen schöne Cedern,
Cypressen am Fluss
und stolze Palmen,
Olivenbäume, Nutzholz ist das.

IV DIE MÜHLENLIEDER

<table>
<tr><td>

4
Ach mester hoch, van künsten
                    rik,
Du machst mi sinne geven;
Houwen, snören even
Und vögen schlicht,
So wert de möle bericht.

</td><td>

4
Ach hoher Meister, reich an
                Künsten,
Du magst mir Sinne geben:
Hauen, Geradestreichen
und schlicht fügen —
so wird die Mühle wohl bereitet.

</td></tr>
</table>

C) Introitus, Kyrie eleison, Gloria

<table>
<tr><td>

5
Moses, nu wes du darbi!
Den understen sten berichte,
Dat he ligge dichte;
So drecht he swar,
De olden e de mein ik dar.

6
De nigen e, den översten sten,
De leg ik op den olden,
Dat he lope bolde
Na mesters kunst,
Den drift des hilgen gestes
                    gunst.

</td><td>

5
Moses, sei du nun dabei!
bereite den untersten Stein,
damit es fest liegt;
so schwer trägt er,
der Alte, den ich da meine.

6
Danach auch den obersten Stein,
den lege ich auf den alten,
damit er bald laufe
nach Meisterkunst,
den treibt des Heiligen Geistes
                    Gunst.

</td></tr>
</table>

D) Die Kollekte

<table>
<tr><td>

7
Jeronimus, Ambrosius,
Gregorius, Augustine[32],
Vorwachtet uns die rine
und dat kammrat!
So löbt de möle deste bat.

</td><td>

7
Hieronymus, Ambrosius,
Gregorius, Augustinus,
bewacht uns die Rinne
und das Kammrad!
So läuft die Mühle desto besser.

</td></tr>
</table>

3

IV DIE MÜHLENLIEDER

E) Die Epistel (Credo)

8
Gi twölf apostel[33], gat hier vör;
Makt gi de mölen gande,
Dat se nicht enblive bestande!
Gi sint gesant
To malen över alle lant.

8
Ihr zwölf Apostel, geht hervor,
bringt die Mühle in Gang,
damit sie nicht stehen bleibe!
Ihr seid gesandt
zu mahlen über alle Länder.

F) Das Evangelium

9
Geon, Phison, Eufrates,
Tigris, gi vlöte vere[34],
Wol up gi stolten rivere,
Geft waters genoch
Und plecht der mölen er gevoch.

9
Geon, Phison, Euphrat,
Tigris, ihr vier Flüsse;
wohlan, ihr stolzen Flüsse,
gebt genug Wasser
und kümmert euch um das Gefüge der Mühle.

G) Die Hostie im Corporale

10
En junkvrouw brachte en säckelkin[35]
Mit weiten wol gebunden,
To der sülven stunden
To der mölen quam,
En prophete dat vornam.

10
Eine Jungfrau brachte ein Säcklein
mit Weizen wohl gebunden;
zu derselben Stunde kam
zu der Mühle
ein Prophet, der das vernahm.

IV DIE MÜHLENLIEDER

H) Aus der Liturgie der Weihnachtszeit

11
Isajas hadde lang tovören
Dar vele van geschreven,
Wo uns ward gegeven
En junkvrouw wert,
De uns enen sön gebert.

12
Sin name het sik «got mit uns»[36],
Den wil wi alle loven;
Gnedichliken van boven
He to uns quam,
Des vröuwen sik vrouwen unde man.

11
Jesaja hatte lange zuvor
viel davon geschrieben,
dass uns eine Jungfrau
gegeben würde,
die uns einen Sohn gebiert.

12
Sein Name heisst «Gott mit uns»,
den wollen wir alle loben,
gnädiglich von oben
kam er zu uns,
des freuen sich Frauen und Männer.

I) Aus der Liturgie der dritten Messe des Weihnachtstages

13
Der andern propheten is so vel,
De dar van hebben gesungen;
Uns is ok wol gelungen
Und vullenbracht,
Dat schach in ener winternacht.

14
Do de nacht de körte nam,
De dach entfink de lenge,
Der düsternisse dwenge
To dem ende quam.
Ach got des bistu lovesam[37].

13
Es gibt so viele andere Propheten,
die davon gesungen haben;
uns ist auch wohl gelungen
und vollbracht worden;
das geschah in einer Winternacht.

14
Als die Nacht kürzer wurde,
und der Tag anfing lang zu werden,
da kam der Zwang
der Düsternis zu einem Ende.
Ach Gott, des seist Du gelobt.

IV DIE MÜHLENLIEDER

15
De siner lange bedet hadden,
De repen alle winachten
«Wi en willen nicht mehr
 betrachten;
Wie sint des wiss,
Dat Christus hüt geboren is.»

15
Die Ihn lange erbeten hatten,
die riefen alle an Weihnachten:
«Wir wollen nicht mehr auf
 Ihn warten;
wir sind gewiss,
dass Christus heute geboren ist.»

K) Die Präfation

16
Gi evangelisten alle ver!³⁸
Gi mögen hier wol up trach-
 ten,
Wo gi wisliken wachten
Dat säkelkin,
Dat dar bracht dat megdekin.

16
Ihr Evangelisten, alle vier!
Ihr möget hier wohl danach
 trachten,
wie ihr weislich
das säcklein bewacht,
das das Mädchen dargebracht.

17
Mattheus, nu lös up den sak,
Güt up in godes namen,
Ler uns allentsamen,
Du bist gelart,
Wo godes söne minsche ward.

17
Matthäus, öffne nun den Sack,
mach auf in Gottes Namen;
lehr uns allesamt,
du bist gelehrt,
wie Gottes Sohn Mensch wurde.

L) Der Kanon

18
Lucas, rit den sak entzwei,
Güt up de möle, lat wriven!
Du kanst uns wol beschriven
Dat offer grot,
Wo got let den bittern dot.

18
Lukas, reiss den Sack entzwei,
mach die Mühle auf, lass sie
 reiben!
Du kannst uns wohl beschreiben
das grosse Opfer,
wie Gott den bitteren Tod litt.

IV DIE MÜHLENLIEDER

M) Das Brechen der Hostie

19
Marcus, starker lewekin[39],
Güt up de möle, lat schroden!
Wo got upstunt vam dode,
wo dat geschah,
Dat repestu an den osterdach.

19
Markus, starker junger Löwe,
Mach die Mühle auf, lass sie schroten!
Als Gott vom Tode auferstand,
als das geschah,
hast du es am Ostertag ausgerufen.

N) Die Kommunion

20
Johannes, arn van hoger vlucht[40],
Darna kanstu uns leren
De hemelvart unses heren
Al openbar;
Got help uns dat wi kommen dar!

20
Johannes, Adler von hohem Flug,
danach kannst du uns lehren:
Die Himmelfahrt unseres Herren
offenbare uns ganz;
Gott helfe uns, dass wir dahin kommen!

O) Ite, missa est

21
De möle geit, se is bereit;
We nu darup wil malen,
De schal uns here halen
Sin körnken rein,
So wert it em gemalen klein.

21
Die Mühle geht, sie ist bereit;
wer nun darauf mahlen will,
der soll herholen
sein reines Körnchen,
so wird es ihm kleingemahlen.

IV DIE MÜHLENLIEDER

P) Placeat

22	22
Paves, keiser, prediker[41],	Papst, Kaiser, Prediger,
Wart gi der mölen even,	wartet ihr die Mühle,
Dat se möge geven	damit sie geben möge
Mel und molt;	Mehl und Gemahlenes;
Darvan so krige wi riken solt.	so bekommen wir davon reichen Sold.

23
De sine sele spisen wil,
De schal sik here snellen,
To desser Mölen gesellen;
He si bericht,
Se malet unde mattet nicht.

23
Wer seine Seele speisen will,
der soll sich schnell hierher
 begeben,
sich zu dieser Mühle gesellen;
sie ist bereitet,
sie mahlt und ermattet nicht.

24
De desse möle gebuwet heft,
Den möte got geleiden,
Wan he van hir schal scheiden;
Sin engel wis
De vör en in dat paradis.
                Amen.

24
Wer diese Mühle gebaut hat,
den möge Gott geleiten,
wenn er von hier soll scheiden;
sein weiser Engel,
der führe ihn in das Paradies.
                Amen.

Das Lied endet — wie die Messerklärungen — mit einem Ausblick auf das Ewige Leben. Die Wolfenbüttler Messerklärung[42] endigt also:

«... Kommet gy benedigeden in mynes vader rike,
Dat juk bered is ewichliken.»

Steinmann, dessen äusserst verdienstvoller Arbeit ich hier ziemlich genau gefolgt bin, hat hier auf einen Parallelismus zwischen

Messeverlauf und Gedicht hingewiesen. Er macht selbst auf einen schwachen Punkt aufmerksam[43]: die Strophen 11—15, die zum Weihnachts-Evangelium gehören. Es ist, als ob es ihm schwer fiele, diese Strophen in den Messeverlauf einzupassen; er nennt sie auch einen späteren Einschub. Man muss zugeben, dass Strophe 16 eine unmittelbare Fortsetzung zu Strophe 10 bildet; auf der anderen Seite wäre ein Mühlenlied ohne ein starkes Hervorheben der Incarnation wohl undenkbar. Vielleicht sollen die Strophen 11—15 eine solch starke — möglicherweise eingeschobene (aber gleichzeitige) — Hervorhebung bilden. Die Strophen 10, 16 und 17 geben zwar dem Incarnations-Gedanken Ausdruck — aber in mehr abgeschwächter Weise.

Die Deventersche Fassung[44] des Mühlenliedes trägt denn auch die Überschrift: «Dit is die moelen van der hoectyt toe mydwynter». Ebenfalls ist es äusserst selten, ein Hostienmühlenbild zu finden, in dem der Incarnations-Aspekt nicht stark in den Vordergrund tritt.

«Dat Mölenled» ist ein Schatz von symbolischer Mystik.

Fons sapientiae verbum
Dei in excelsis.
(Eccli. I, 5)

V. KAPITEL

DIE HOSTIENMÜHLENBILDER
Über Bezeichnung und Ausdrucksmedien

Die Bezeichnung Hostienmühle findet eher Verwendung in Süd-Deutschland, Sakramentsmühle eher in Nord-Deutschland; seltener begegnet man den Benennungen Apostelmühle, Mystische Mühle, Heilige Mühle (Göttliche Mühle und Wunder-Mühle).

Muskatblüt (siehe S. 161, 17) nennt sie — im Geiste spätmittelalterlicher Mystik — «mül der barmhertzicheit»[1]; Christus wird — in der Eucharistie — nicht allein auf dem Altar der Kirche, sondern auch in der Seele des Menschen gegenwärtig. Das «Oben» Gottes wird zum «Innen» des Menschen. Diese Gedanken der unio mystica hat sich in Deutschland besonders seit Thomas Aquinas verbreitet. Er schreibt (Die lateinischen Werke III, 34): Spiritus sanctus superveniet in te, scilicet ut «super» fiat «in». (Vgl. Luc. I, 35.)

Es wäre sicher zweckmässig — vor der Behandlung der einzelnen Bilder — das Bildprogramm (besonders in formaler Hinsicht) zu präsentieren, um einen Überblick geben zu können über das, was heute von diesen Bildern bekannt ist. Eine eingehendere Behandlung der geistigen Haltung und Deutung der Darstellungen wird am besten bei der Beschreibung der einzelnen Bilder gegeben.

Wir sehen im folgenden von den Vorläufern[2] ab, welche nicht dieselben Charakterzüge wie die der spätgotischen Darstellungen aufweisen.

V DIE HOSTIENMÜHLENBILDER

Das Motiv hat viele Ausdrucksmedien gefunden, etwa in Miniaturen, Fresken[3], gemalten und geschnitzten Tafeln, Glasmalereien (und als Holzschnitt). Einige von diesen Bildern sind schon seit Jahrhunderten bekannt, andere sind erst in diesem Jahrhundert (wieder-)entdeckt worden. Welche von den genannten Bildformen die älteren sind, ist schwer zu sagen, weil man annehmen muss, dass viele verlorengegangen sind — und einige bisher noch unbekannte vielleicht auftauchen könnten. Das — wahrscheinlich — früheste, das wir kennen, ist ein Wandgemälde; man weiß aber, dass mehrere von diesen eine Vorlage in den Miniaturen hatten; ob dies hier der Fall war, ist unbekannt.

Weil es nicht möglich ist, alle Bilder genau datieren zu können, habe ich auf die chronologische Reihenfolge verzichtet. Auch bei der Einteilung in Bildtypen würden Schwierigkeiten auftreten. Bei den Bildtypen handelt es sich äusserlich u. a. darum, ob die Mühle von Aposteln oder durch Wasser getrieben wird, ob das Bild einen typologischen Zusammenhang zwischen dem Alten und dem Neuen Testament aufweist oder nicht — und ob der Schwerpunkt auf der Incarnation oder auf der Eucharistie liegt[4] etc. Es gibt hier so viele Zwischenformen[5], und die Deutungen können nicht absolut objektiv sein, so dass ich es vorgezogen habe, auch auf eine Aufteilung nach diesen Kriterien zu verzichten. So scheint es mir am zweckmässigsten, die Einteilung der Bilder nach Ausdrucksmedien zu gruppieren, also nach den früher erwähnten Formen: Miniaturen (von diesen gibt es 2), Wandgemälde (von diesen gibt es 8), Tafeln (10), Glasgemälde (3) und Holzschnitt (1).

Im Süden Deutschlands (gedachte Grenze: der Main) befinden sich: beide Miniaturen, alle Wandgemälde (Ausnahme: Steeg), sämtliche Glasmalereien (und der Holzschnitt); im Norden findet man: alle Altartafeln (Ausnahme: Ulm; die in Padua ist verschollen). Dazu gibt es ein Wandgemälde in Schweden (Gryta).

V DIE HOSTIENMÜHLENBILDER

Alle erhaltenen Hostienmühlenbilder befinden sich im deutschsprachigen Raum (Ausnahme: Schweden) und sind im 15. Jahrhundert entstanden (Ausnahme: Siezenheim, Erfurt, Holzschnitt).

―――

Bevor ich zur Behandlung der Bildtypen und Einzeldarstellungen schreite, mache ich auf eine bisher nicht beachtete Besonderheit des Hostienmühlenbildes aufmerksam: Die Hauptkomponenten der meisten einfachen Darstellungen (: Mettener-Typ, siehe folgendes Kapitel) bilden — mehr oder weniger deutlich — ein Kreuz. Das Herz des Kreuzes ist die Mühle selbst; die 4 Kreuzarme sind: die 4 Evangelisten oder/mit dem als Opfer dargebrachten Gottessohn (oben) — die 4 Kirchenväter (unten) — die 6 Apostel (an beiden Seiten).

Die Mühle ist als Leib Christi zu verstehen in all seiner allegorischen Vielfältigkeit: als Passion — als Brot des Lebens — als Kirche; und in jedem von diesen Sinnen hat sie — je nachdem — eine besondere Beziehung zu den Kreuzarmen.

In einem Nu erleuchtet das Bild die tiefsten Mysterien.

En e mola typica
Superni molitoris
Prodit far saporis
Dum floris
Virga Jesse
Germen induit.[1]

VI. KAPITEL

TYPEN

Die Hostienmühlenbilder muss man — im Gegensatz zu vielen anderen sakralen Bildern — von oben nach unten «lesen». Der Himmel ist der Ausgangspunkt. Man muss sich auch immer vor Augen halten, dass Dinge, die uns schwer verständlich scheinen, von den mittelalterlichen Menschen, die das Gottesreich in sich trugen, als selbstverständlich betrachtet wurden. Ihre Beziehung zu Gott lag nicht auf der Ebene des kühlen und begrenzten Wissens, sondern auf der Ebene der glühenden und unbegrenzten Liebe.

Die Hostienmühlenbilder des 15. (und 16.) Jahrhunderts mögen sehr verschieden sein, ja es gibt nicht zwei gleiche — und doch haben sie gewisse ikonographische Gesamtzüge, und besonders sind sie ikonologisch[2] verbunden, beseelt von demselben Gedanken.

Das Kernstück im Bild ist die Mühle.

Die Evangelisten schütten Spruchbänder oder Korn (d. h. ihre Lehre) in die Mühle (d. h. die Kirche als Verwalterin der Gnadengaben). Und aus der Mühle tritt Christus selber uns entgegen — in Menschengestalt oder in der Hostie — als Wort und Brot, als lebendige Verkündigung und heiliges Sakrament — als Brot des Tages aus Gottes Gnaden und als Brot der Ewigkeit in Vereinigung mit Ihm. Als Initianten der Kirche — laut des Missionsbefehls (Mt. XXVIII, 19-20) — betreiben die Apostel die Mühle.

VI TYPEN

Die Kirchenväter nehmen das anvertraute Gut (vgl. 1. Timotheus, VI, 20) entgegen, um es in Reinheit zu bewahren.

Einige Bilder (am deutlichsten in Loffenau und in Mundelsheim) haben einen anderen Accent. Hier senkt Gottvater Jesus (Bildtyp: Not Gottes) in den Mühltrichter; d. h.: Gott sendet Seinen Sohn vom Himmel herab, um die Sünden der Welt zu tilgen (Jo. III, 16). Auf Erden hat Christus die Passion auf sich genommen — ist in der Mühle zermalmt worden («des Kornes Qual») —, um als panis vivus hervorzutreten (vgl. Jo. XII, 24). Das erste convivium sacrum — der Urtyp des Abendmahles — hat inmitten der Apostel stattgefunden; sie befinden sich zu beiden Seiten der Mühle.

Seltener wird die Mühle von Wasser getrieben. Hier ist die Allegorie mehr kompliziert: ich verweise diesbezüglich besonders auf Kapitel XXIII und Kapitel XXVII.

Die Mühle ist das Kernstück im Bild. Sie ist Sinnbild des Opfers Christi und Hinweis auf die vermittelnde Kirche — sie steht aber zugleich im mystischen Sinne symbolhaft für die Seele des Gläubigen, die durch das Wort, mit dem Wort und in dem Wort lebt — «ut panis mundus inveniar».

Man könnte die Bilder in zwei Hauptgruppen einteilen (obwohl auch hier die Grenzen unscharf wären): der Grundtyp, den ich den Mettener-Typ nennen will — und der erweiterte, den ich den Berner-Typ nenne.

Der Mettener-Typ besteht — kurz gesagt — aus Verkündigungs-Scene (meistens mit Gottvater über den Wolken), darunter die vier Evangelisten, die Korn oder Schriftbänder in die Mühle schütten; diese wird von den zwölf Aposteln gedreht. Unten wird das Mahlprodukt von den vier Kirchenvätern in einem Kelch aufgefangen. Also die Logos- und Incarnations-Idee.

―――

VI TYPEN

Es kommt vor, dass die Verkündigung im Bilde selbst fehlt; dann ist sie oft in nächster Nähe zu suchen — entweder als Verkündigungsbild oder als Marienbild. Wenn sie scheinbar ganz fehlt, ist sie — nach mystischer Auffassung — doch vorhanden. Um dies recht zu verstehen, müssen wir uns ein wenig mit dem mittelalterlichen Epiphanie-Verständnis auseinandersetzen.

«Ich bin das Brot, das vom Himmel herabgekommen ist» (Jo. VI, 41 und 51); diese Worte waren sowohl mit Blick auf die Verkündigung und die Incarnation auf der einen Seite als auf das Abendmahl und die Eucharistie auf der anderen Seite zu verstehen.

Es darf nicht vergessen werden, dass — aus theologischer Sicht des Mittelalters — Verkündigung, Geburt und Transsubstantiation nur verschiedene Ausdrücke der Epiphanie des göttlichen Wortes darstellen; «et verbum caro factum est, et habitavit in nobis, et vidimus glorius eius» (Jo. I, 14) — oder anders ausgedrückt: Gottes ewiger Geist und seine zeitliche Manifestation in unserem Dasein (vgl. Jo. I, 1; Gen. I, 1). Das heisst: In jedem Bild der Transsubstantiation ist auch die Verkündigung (und die Schöpfung) implicit. Deshalb nimmt auch die Mühle die centrale Stelle im Bilde ein, meistens umgeben von dem Verkündigungsengel und der Theotokos. Der Anfang einer äusserst stark verbreiteten mittelalterlichen Sequens (Analecta hymnica medii aevi, LIV, S. 343-345, Nr. 218) lautet:

> Verbum bonum et suave
> Personemus, illud «Ave»,
> Per quod Christi fit conclave
> Virgo, mater, filia.

Durch die dreifache Benennung wird Christus verkündet: als Sohn Gottes in Ewigkeit (virgo), als Sohn Marias in der Zeit und in der Materie (mater), als Urheber der Kirche im Geiste (filia). Vgl. die drei Advente Christi S. 140, und vgl.: Erster Apostelspruch S. 80 und Sapientia XII, 1.

VI TYPEN

Es ist deshalb selbstverständlich, dass die Incarnation in engster Verbindung zur Eucharistie steht. In der Liturgie kam es zum Ausdruck in der Postcommunio der Annuntiatio Beatae Mariae Virginis am 25. März (vgl. S. 108) und an den Sonntagen im Advent: «Gratiam tuam, quaesumus, Domine, mentibus nostris infunde; ut qui, Angelo nuntiante, Christi Filii tui Incarnationem cognovimus, per Passionem eius et Crucem, ad Resurrectionis gloriam perducamur. Per eundem Dominum.» Dieser Doppelcharakter (Menschwerdung und Opfertod) des Verkündigungsfestes, der hier in einer der erhabensten Orationen des römischen Missale seinen Ausdruck findet, ist auch in der mystischen Literatur spürbar. Auch der enge Zusammenhang von Menschwerdung und Sakrament — das letztere als Weiterführung der ersten — kommt zum Ausdruck und geht z. B. aus den folgenden Worten des Aquinaten hervor: «Das Wort, durch welches alle Sakramente ihre Kraft besitzen, nahm Fleisch an und war das Wort Gottes» (Quaestiones quodlibetales XII, q. 10, art. 14 c.).

In Scivias[3] (einem Buch der grossen Mystikerin Hildegard von Bingen — auch Prophetissa teutonica genannt) lesen wir (II, Visio VI): «... Ecce ancilla Domini, fiat mihi secundum verbum tuum (Luc. 1), mox Unigenitum Dei Spiritu sancto superveniente concipiens, designat quod omnipotens Deus per verba sacerdotis in officio sacerdotali invocandus est» (Patr. Lat. CXCVII, 516); also die Zusammenstellung des «fiat» in der zeitlichen Verkündigung und des «fiat» sine successione temporis in der Wandlung (diese Gedanken können wir bis zu Iustinus M. (gestorben um 165) zurückverfolgen).

Der flämische Mystiker Jan van Ruisbroeck setzt — in seinem «Spiegel des ewigen Heils» — als Vorbild für die Vorbereitung auf den Eucharistieempfang die Vorbereitung Marias auf die Empfängnis Christi. In der Hl. Eucharistie wird Christus in unserer geistigen Wirklichkeit gegenwärtig, so wie Er bei der Verkündigung in unsere historische Wirklichkeit hineintrat; vgl. Thomas Aquinas: «participatio legis aeternae in rationali creatura» (Summa Theologia, 1. Abschnitt des 2. Teils, q. 91, art. 1 c. und 2 c.). Das Mittelalter hat die Menschwerdung Christi weniger im Sinne eines väterlichen Princips denn als einen Akt der creatio[4] verstanden, wodurch Menschwerdung, Wandlung und Schöpfung in eine besonders enge Beziehung zueinander gerückt sind.

Auch in der bildenden Kunst haben solche Gedanken ihren Niederschlag gefunden: So in einem Verkündigungsbild im Evangeliar aus Kloster Gengenbach in Baden um 1150 (Stuttgart, Landesbibliothek, Cod.bibl., fol. 28), wo Maria in auffallend liturgischen Gewändern dargestellt ist; ihr Schleier läuft zu beiden Seiten in eine Stola aus. Und so auf einem Holzschnitt von 1510 (Wolf Traut, Nürnberg um 1486—1520) aus «Die hl. Sakramente» (Karlsruhe, VII, 40); er zeigt die sieben[5] Sakramente und in deren Mitte die Hl. Eucharistie in der Gestalt der «Gregorsmesse»: Auf dem Altar erscheint der Schmerzensmann bei der Wandlung und der Elevation als eucharistischer Christus — und auf der Borte des Mensatuches sind die Verkündigungsworte zu lesen. Und noch ein Beispiel mit einer «Gregorsmesse»: Linker Flügel eines Triptychon von 1497; auf dem Altar, zwischen dem eucharistischen Christus und der elevierten Hostie des Papstes erscheint die Hl. Jungfrau mit Kind (Antonio Massari da Viterbo, genannt Pastura, gest. 1516. Vatikanische Pinakothek, Rom).

Wenn das «Ave» sozusagen der Anfang und der Urheber der Hostienmühle ist, wenn Incarnation und Eucharistie so eng miteinander verknüpft sind, ist es selbstverständlich, dass — wenn (in Kap. V und später) von Schwerpunkt zwischen Incarnation und Eucharistie die Rede ist — es sich keineswegs um Gegensätze, sondern nur um rein äusserliche (ikonographische) Aspekte in der Bildbetrachtung handelt.

Im tiefsten Sinne sind die Verkündigung und die Eucharistie ein

VI TYPEN

Mitvollzug der ursprünglichen Schöpfung wie der endzeitlichen Renovatio.

Seit dem Altertum bis in die neuere Zeit hinein hat sich die Handmühle fast nicht geändert. Als Kuriosum citiere ich aus einem Aufsatz von Heinrich Jacobi: «Römische Getreidemühlen» (1912): «Der Antrieb unserer Mühle ist auf der Textabbildung noch mit einer kleinen Kurbel bewirkt. Da diese aber, besonders wenn Korn aufgeschüttet ist, nicht genügt, ist nachträglich nach einem Mahlversuch eine lange Stangenkurbel angeordnet, an der vier bis sechs Mann den Mahlgang bequem in Bewegung setzen können. Sie waren damit imstande, in einer Stunde zwei Centner (= 1 Sack) Mehl zu mahlen.» Die Ähnlichkeit mit unserer Apostelmühle ist auffallend.

Der Berner-Typ ist etwas seltener. Oben sitzt Gottvater, und das Bild ist hier durch ein alttestamentliches «Vorbild» erweitert — darunter Verkündigung und Evangelisten; hier aber wird die Mühle von Wasser getrieben — und unter den Kirchenvätern ist das Bild mit einer Kommunionsscene ergänzt. Es kommt also hier auch noch die Concordia-Idee hinzu, und der eucharistische Aspekt wird betont.

Diese Gedanken können natürlich nicht klar abgegrenzt werden. Schon im Empfang der Hostie im Kelch (auch ohne Kommunion) liegt ein Eucharistie-Gedanke. Ebenso ist die Eucharistie die ständige Wiederholung der Incarnation und des Opfers.

Mit Bezug auf das Alter kann nichts Endgültiges gesagt werden. Es scheint jedoch, dass der einfachere Mettener-Typ die ältere und beliebtere Darstellung war.

VI TYPEN

Endlich gibt es — wie oben erwähnt — eine Darstellung, die den Passionscharakter des Bildes in eminentia hervorhebt, indem Gottvater (oder Maria) hier Christus selber in die Mühle hinabgleiten lässt. Dies ist der Fall in Eriskirch, Loffenau, (Malmsheim?) und Mundelsheim[6]. Die Hostienmühlen in diesen Bildern werden alle von Aposteln getrieben (die in Eriskirch auch von Wasser); sie sind alle Wandgemälde und befinden sich alle in Württemberg.

Während die apostelgetriebenen Mühlen sowohl im Süden als im Norden Deutschlands (sowie die eine in Schweden) zu finden sind, befinden sich die wassergetriebenen nur im Süden; eine Ausnahme ist Tribsees — das Bild hier (ein Schnitzaltar) stammt aber vielleicht von einem süddeutschen Künstler (siehe S. 106).

Das Mühlenthema lässt sich — dank seiner Bedeutungsvielfalt — in zahlreiche Zusammenhänge sinnvoll einfügen, «es ist von sehr verschiedenen Seiten her zugänglich und interpretierbar» (Krueger, siehe S. 185, 18).

Hinten im Buch werden die Darstellungen in einem Vergleichs-Schema eingesetzt, um die Übersicht zu erleichtern.

Scheinbar ist das Thema dieses Traktates ziemlich speciell; in Wirklichkeit aber weist es weit über sich selbst hinaus, so wahr die Hostienmühlenbilder in ausgesprochener Weise eine Wiederspiegelung des ganzen mittelalterlichen Frömmigkeitslebens sind.

Ich habe es als nützlich erachtet, gelegentlich einige kleine Exkurse in die frühchristliche Kultur zu machen, denn hier ist der Grundstock zur mittelalterlichen Geistesstruktur und Mentalität gelegt.

Salutis Hostia — Cibus viatorum
Panis Caelo — Sacramentum mirabile
Mysterium fidei — Memoria passionis XRI
Sacrum convivium — Novum Pascha
(Inschr. i. d. Kathedrale zu Frankfurt a. M.)

VII. KAPITEL

METTEN
Miniatur[1] 1414

Das Benediktiner-Stift Metten, gegründet im Jahre 770, liegt in Nieder-Bayern, östlich von Regensburg, nahe dem Donau-Strom. In seinem bekannten Scriptorium wurden viele wertvolle Codices geschaffen. Einer von diesen ist ein prachtvoller Codex (35×48,5 cm) in Pergament von 1414. Er wird jetzt in der Staatsbibliothek in München aufbewahrt[2].

Das Hostienmühlenbild hier[3] zeigt zuoberst in der Mitte Gottvater in den Wolken; in den linken und rechten Ecken den Erzengel Gabriel bzw. Maria, also die Verkündigung; eine Taube fliegt von Gott aus, der Hl. Jungfrau entgegen. Demütig neigt sie den Kopf («Höre Tochter, sieh und neige dein Ohr[4]; vergiss dein Volk und das Haus deines Vaters!»[5]).

In der Mitte die Mühle, in deren Mühlkasten die vier anthropomorphen[6] Evangelistentiere Korn schütten. Die Mühle wird von den zwölf Aposteln getrieben, indem sechs Apostel an jeder Seite einer grossen Kurbel drehen; auf der linken Seite nächst der Mühle erkennt man Petrus, ihm gegenüber (auf der rechten Seite) Paulus. Am Fusse knien die vier lateinischen Kirchenväter[7], die das Mahlprodukt — in Form des Christuskindes — in einem Kelch auffangen.

Der Erzengel, die Hl. Jungfrau und die Kirchenväter haben Spruchbänder, die aber nicht beschriftet sind und — so scheint es — nie beschriftet waren.

Im Codex steht das Bild in Zusammenhang mit den Evangelien und unmittelbar nach dem Johannes-Evangelium. Man muss es wohl als eine zusammenfassende Illustration zur Heilsverkündigung der Evangelisten betrachten, koncentriert in den Johannes-Worten «et verbum caro factum est» (der kosmische Wendepunkt). Hier dominieren das Incarnations-Element und die Gedanken von der reinen Lehre über den Eucharistie-Aspekt.

Wie es üblich war in der mittelalterlichen Kunst, ist wenig Wert auf Perspektive und Verkürzung gelegt.[8] Es ging ja nicht um Illusion, sondern um das Sichtbarmachen einer unsichtbaren Wirklichkeit; es ging nicht um Verkörperung, sondern um Vergeistigung. Das Bild war kein «als ob»; es war weniger eine optische Realität als eine Vergegenwärtigung einer geistigen Wahrheit. Der Schwerpunkt im Verhältnis Bild-Mensch lag noch im Bild. Deshalb der raumlose Raum und die zeitlose Zeit. Meister Eckhart: «Nichts hindert die Seele so sehr, Gott zu erkennen, als Zeit und Raum. Zeit und Raum sind immer Stückwerk — Gott aber ist der Eine.» (Vgl. 1. Kor. XIII, 9-10 und vgl. Dt. VI, 4). Und weiter schreibt er: «Gott ist ein überseiendes Sein — und ein überseiendes Nichts.»[9] Aus einer anonymen Handschrift des 12. Jahrhunderts: «Deus est sphaera intelligibilis, cuius centrum ubique, circumferentia nusquam» (Gott ist (wie) eine intelligible Kugel, deren Mittelpunkt überall, deren Umkreis nirgends ist).

Die Komposition bildet — hier ganz deutlich — ein Kreuz[10], die ultima ratio omnium rerum. Das Kreuz als trophaeum in saecula. «Stat crux, dum volvitur orbis» (Wahlspruch des Karthäuserordens). Die mittelalterliche Kultur war eine Kultur des Zeichens und der symbolischen Gestik.

«... et vidimus gloriam eius ...»
(Io. I, 14)

VIII. KAPITEL

GNADENTAL
Initiale, 1. Viertel des 15. Jahrhunderts

In der Handschriftensammlung[1] der Kantonsbibliothek Luzern befindet sich ein seltener Schatz: ein Graduale[2] aus dem 1. Viertel des 15. Jahrhunderts. Der Holzdeckelband ist mit Schweinsleder aus der Zeit überzogen und in Messing eingefasst; er misst 61x39,5 cm. Die Schrift ist gotische Minuskel; sie zeigt französisch-elsässische, aber auch böhmische[3] Züge. Das Graduale stammt vermutlich aus dem Elsass, dem Ort der mystischen Gottesfreunde (siehe S. 163, 35).

Dieses Buch gehörte dem Cistercienserinnen-Kloster Gnadental[4]; es wurde 1832 der Cistercienser-Abtei Sct. Urban[5] geschenkt.

Was uns hier besonders interessiert, ist die Initiale[6] zum Introitus am 1. Sonntag im Advent: Ad te levavi animam meam[7]. In dieses A ist ein Hostienmühlenbild einkomponiert. Die Initiale ist in ein Viereck eingeschrieben; in den Ecken (in Rankengewächs) die vier Propheten Jesaja, Ezechiel, Jona und Jeremia (es sind dies die grossen Propheten; allein Daniel ist hier mit Jona ausgewechselt, wahrscheinlich, weil letzterer als Präfiguration Christi galt; vgl. Mt. XII, 39-41 und Lk. XI. 32). Rechts Gregorius und Hieronymus, links Dorothea[8] und Katharina (von Alexandria)[9]; unten Elisabeth von Thüringen. Oben auf Goldgrund Gottvater in rotem Gewand; von ihm schwebt eine weisse Taube in die Initiale hinein — auf die Hl. Jungfrau zu; sie liest in einem Buch (Zeichen der Weisheit). Ihr gegenüber kniet der Verkündigungs-Engel. Der Hintergrund ist Golddamast; damit ist die Scene in die göttliche, in die ewige Sphäre emporgehoben. Das mythische Gold bedeutet die Herrlichkeit Gottes in seinem ewigen und unabänderlichen Glanz, das unantastbare und unbegreifliche Licht, aus dem alle Gestalten auftauchen und von dem sie durchflutet sind (Lurker).

Unter der Verkündigungs-Scene sehen wir die vier anthropomorphen Tiergestalten der Evangelisten Johannes, Matthäus, Lukas und Markus; sie schütten aus Säcken Korn in den Mühltrichter. Die zwölf Apostel drehen mittels einer grossen Kurbel die Mühle. Nächst der Mühle links und rechts erkennen wir Johannes und Petrus.

Unter der Mühle fangen die vier Kirchenväter Gregorius, Hieronymus, Augustinus und Ambrosius — symbolhaft für die Kirche — in einem Kelch das Christuskind auf als mysterium fidei[10]. Unter ihnen knien links Geistliche und rechts Laien, letztere von einem König angeführt.

Die vielen Spruchbänder sind — wie in Metten — nicht beschriftet.

Die Initiale (A) ist blau. In dem «Aufstrich» ist der Apostel Andreas[11] hineinkomponiert; in dem «Abstrich» ist ein kniender Stifter mit einer Kirche abgebildet. Den Querstrich bildet die lange Mühlenkurbel, die somit das ganze Bild auf das engste mit dem Text verbindet.

Das Hostienmühlenbild befindet sich am Anfang eines Buches mit Messgesängen; damit ist schon von vornherein der sakramentale Bezug gegeben. Im Bild selbst wird die Kommunion auch durch die knienden Vertreter der Menschheit herangezogen. Die Initiale steht aber nicht nur am Anfang des Graduale, sondern leitet speciell den Introitus zur Dominica prima adventus ein; und der Advent ist ja Vorbereitungszeit des Erscheinens Christi. Der breite Aspekt der Menschwerdung in der Heilsgeschichte wird also in diesem Kontext gleich stark wie der engere eucharistische Sinn betont.

Wie hat nun der zeitgenössische Mensch so ein Bild betrachtet? Ganz anders als der heutige. Ihn zu verstehen, ist für den modernen Menschen gar nicht einfach. Seit Ausbreitung des Humanismus sehen wir fast «das interesselose Wohlgefallen» (Kant) als Voraussetzung zum «Genuss» eines Kuntwerkes. Es hat seinen Sinn nur in sich selber, es ist «frei». Das von Victor Cousin 1836 geprägte Diktum «l'art pour l'art», wonach Kunstwerke nicht nach ausserkünstlerischen Wertmassstäben zu beurteilen seien, übersah die Tatsache des menschlichen Glaubens, Bangens und Hoffens, die ja gerade in der Kunst ihren Niederschlag fanden. Der geistige Gehalt des Bildes wird in seinem Wahrheitsanspruch nicht mehr ernst genommen, sondern wird in seine ästhetische Form verflüchtigt. «Innerhalb einer atheistischen, ‚modernen' Welt sind sie (die Symbole) illegitim und nur in der Sprache des Traumes zugelassen» (H. Sedlmayr, Idee einer kritischen Symbolik; Umanesimo e Symbolismo, Atti del IV Convegno Internationale di Studio Umanistci, Venezia 1958, Padova 1958. Citat von S. 82). In unserer Zeit des Verlustes der Transcendens kann der Mensch mit seinen horizontalen Erwartungen solche Bilder nur schwerlich recht verstehen. Ästhetische (und formalikonographische) Kriterien reichen nicht aus, um mittelalterliche Sakralkunst ganz verstehen zu können; ja die rein ästhetische Betrachtungsweise entwertet und entheiligt sie.

Im Mittelalter war ein Bild auch nach seiner moralischen Zielsetzung und seinem anagogischen Sinn zu beurteilen; man unterschied nicht zwischen Ästhetik und Inhalt.[12] Das Bild war gleichzeitig Verkörperung einer stofflichen und einer transcendenten Realität; das echte Symbol liegt stets im Schnittpunkt dieser Realitäten — es wird Offenbarung. Bildbetrachtung wurde so fast ein religiöser, ja ein kultischer Akt. Das Mysterium (an sich) war zwar nicht im Heiligenbild[13], aber durch das Bild als Andachtsbild konnte und kann es uns nahekommen.

Der Mensch war Weltbürger — aber nicht weniger Himmelsbürger (civis coelestis), und er sah das Bild sozusagen auch mit der Seele an. Er lebte mit dem Bild; ja das Bild war ein Teil seines Lebens. Für ihn bestand keine Schwierigkeit darin, dass Bild und Abgebildetes (das im Bild Gemeinte) auf verschiedener Ebene lagen. Ebenso wie das Wort wurde das Bild viel ernster genommen als heute. Die Kluft zwischen Bild und Wirklichkeit, wie wir sie empfinden, existierte für ihn nicht; es war eine Einheit.

Mit diesen Gedanken sind wir nicht vertraut; deshalb zerstückeln wir die Einheit — wir erfassen nur die Hälfte. Vacare Deo (Offensein für Gott) ist die erste Voraussetzung zum Verständnis dieser Bilder, geboren aus der Frömmigkeit mittelalterlicher Mystik.

Dieses Metaphersein ist keine zufällige Hülle, die wir abstreifen können. Das Bild gibt Gestalt zum Gedanken, der uns entgehen würde, wenn wir ihn nicht im Bild denken würden, sondern ihn als Bild (d. h. verbildlicht) betrachten. Der Glaube inspirierte das Bild, und das Bild belebte den Glauben. Der Artifex wollte die Wahrheit sichtbar machen — und vereinte so die menschlichen Urbedürfnisse: Erkennen und Gestalten. Er fühlte sich als Handwerker Gottes, als ein Instrument, auf welchem Gott spielte.

Das gotische Bild war nicht nur Kunst, es war Wahrheit und Wirklichkeit — und vor allem war es ein Lob Gottes; «... in sapientia discipuli commendatur ac honoratur sapientia magistri» (Dionysius der Karthäuser 1402—1471: De contemplatione LXVI). «Omnis mundi creatura / quasi liber et pictura / nobis est, et speculum» (Alanus ab Insulis (Lille) um 1120—1203, zugeschrieben. Aus: Sequens der Rose): «Die Geschöpfe dieser Erde / sind ein Buch und ein Gemälde / und ein Spiegel unseres Seins.»

Man könnte als Leitwort über die mittelalterliche Sakralkunst den Satz des Thomas a Kempis[14] schreiben: «Alles ist Eitelkeit ausser Gott lieben und ihm allein dienen.» Das Ziel der Kunst

VIII GNADENTAL

war stets: Soli Deo Gloria. Die Darstellung an sich ist (nach mystischer Auffassung) nicht darstellenswert, das wird sie erst in bezug auf die von Gott geoffenbarte Welt-Ordnung.

Die ganze Welt war die Bildersprache Gottes; sie war — wie das Bild — eine stoffliche Emanation. «Denn Gott ist das Urbild aller Bilder» (Origenes: Contra Cels. VIII, 17-19; Patr. Graeca XI, 1539 seq.). Sein Sprechen ist «ein blosser Vorwurf (d. h. ein Bild) göttlicher Wahrheit» (Meister Eckhart, Pfeiffer 634).

IX. KAPITEL

ERISKIRCH
Wandgemälde um 1400

Das Dorf Eriskirch liegt am Nordufer des Bodensees im Kreis Tettnang, Württemberg. Das Hostienmühlenbild dort befindet sich in der Wallfahrts- und Pfarrkirche Unserer Lieben Frau.
Im Herbst 1933 wurde eine, von Kunstmaler Anton Baur geleitete, langdauernde und schwierige Restaurierungsarbeit abgeschlossen.[1] Es war gelungen, einige, seit Jahrhunderten übertünchte, Wandgemälde im Chor und Schiff freizulegen, darunter ein Hostienmühlenbild auf der Epistelseite. Leider ist es nur rudimentär erhalten, lässt sich jedoch zeitlich in die Jahre um 1400 zurückführen. Stilistisch besteht eine Übereinstimmung zwischen diesem und anderen Bildern in der Gegend; es ist deshalb naheliegend anzunehmen, dass der Maler, der eine überaus lebendige Formensprache besass, in der Bodensee-Gegend (vielleicht Konstanz) gelebt und gearbeitet hat. Das Gemälde, das al secco ausgeführt wurde, ist wohl eine (Votiv-)Gabe an die viel besuchte Wallfahrtskirche. Es weicht in vielen Punkten von dem «klassischen» Hostienmühlenbild ab.
Bei der Mühle steht — central im Bild — Maria und lässt ihren Sohn in den Mühltrichter hinab; hier stehen ja gewöhnlich die Evangelisten mit Korn oder Schriftbändern, die sie in den Trichter schütten. In Eriskirch wird also der Opfercharakter in der Incarnation drastisch hervorgehoben; dies wird unterstrichen durch zwei kleinere Darstellungen unmittelbar oberhalb des Hostienmühlenbildes: «Moses schlägt Wasser aus dem Felsen» (als Antityp der Seitenwunde Christi; siehe Kap. XXVII) und «Moses nimmt die Tafeln des Gesetzes entgegen» (So ist die Liebe die Vollendung des Gesetzes; Röm. XIII, 10).

IX ERISKIRCH

Wir kennen nur einzelne derartige Darstellungen — und alle aus Württemberg. Dass Maria einen so hervorragenden Platz im Bilde einnimmt, darf man sicher im Zusammenhang mit dem Patrocinium der Kirche sehen.

Auf der rechten Seite der Mühle sieht man die Apostel, die die Mühlkurbel drehen; gleichzeitig — und das ist einzigartig — wird die Mühle auch von einem Wasserrad links im Bild gedreht; rings um das Rad gruppieren sich die Evangelisten in ihren Symbolgestalten.

Vor der Mühle scheinen die vier grossen lateinischen Kirchenväter zu knien, indem sie die Hostie in einem Kelch auffangen, während Gläubige hinzuströmen, um an der Hl. Kommunion teilzunehmen. Ganz oben im Bilde sieht man — leider recht undeutlich — eine Gestalt, möglicherweise Gottvater.

Das Bild ist also ein «Zwischentyp»[2] — und im Ganzen ein recht einmaliges Beispiel unter den Hostienmühlenbildern.

Ist der Schwerpunkt des Bildes nun die Incarnation, Christus in seinem Worte und seiner Lehre (das Himmelsbrot, das Brot des Glaubens) — oder ist er die Eucharistie, Christi immerwährendes Dasein in seinem Sakrament?

Betrachten wir zunächst die Frage ikonologisch, indem uns die Worte des Irenäus[3] ständig in den Ohren klingen: «Nihil vacuum neque sine signo apud Deum.»[4] Das Bild ist nahe am Altar angebracht, was auf eine Beziehung zum Sakrament deutet; es befindet sich aber nicht auf der Evangelienseite, wie es am häufigsten der Fall ist, denn da hatte der Sakramentsschrein oder das Sakramentshaus seinen Platz. Auf der Epistelseite dagegen war es unmittelbar gegenüber dem Gnadenbild[5] angebracht. Wenn man gleichzeitig an die centrale Stellung Marias im Bilde denkt (obwohl die Verkündigung fehlt) und es mit dem Patrocinium der mediatrix nostra zusammenhält, muss man wohl geneigt sein, den Schwerpunkt auf die Incarnation des Erlösers durch Maria und auf den Logos-Begriff zu legen. Aber natürlich ist auch die Eucharistie-Idee vorhanden, z. B. in der Kommunion-Scene.

Dieses Bild ist die einzig erhaltene Darstellung, bei der Maria das göttliche Kind in den Mühltrichter hinablässt. Von Berichten (siehe Kapitel XXII) wissen wir jedoch, dass sich in Worms ein Altarbild mit einer ähnlichen Darstellung befunden hat.

Hostienmühlen-Darstellungen, wo Gottvater selber seinen Sohn als Opfer und Mahlgut darbringt, befinden sich als Wandgemälde in Loffenau, (Malmsheim?) und Mundelsheim.

Wir haben ein Brot,
das Danksagung heisst.
(Origenes, C.C. VIII, 57)

X. KAPITEL

LOFFENAU
Wandgemälde um 1445

Die mittelalterliche Kirche[1] zum Hl. Kreuz in Loffenau[2] war wie üblich geostet und hatte ihren Chor im Turm, der am Ostende der Kirche stand. Im Jahre 1843 wurde das Schiff dieser Kirche niedergerissen, und ein neuer Bau (von Gab) wurde an den alten Chor angebaut. Die neue Kirche war aber nord-süd orientiert, und der neue Chor liegt jetzt gegen Norden. Der alte Turmchor schliesst sich heute am Südende des östlichen Seitenschiffes wie eine Kapelle an.

An der Nordwand[3] dieses früheren Chores, also auf der Seite, wo üblich das Sakramentshaus stand, befindet sich eine grosse Wandmalerei, die die ganze Nordwand ausfüllt. Es ist ein Hostienmühlenbild, wohl um 1445 oder vielleicht ein wenig später entstanden.

Ganz oben ein Not-Gottes-Bild[4]: Gottvater hält seinen Sohn in seinen Armen; und er bringt ihn als Opfer dar, indem er ihn in den Mühltrichter hinabgleiten lässt. Man denke hier — und besonders weil das Bild eine zum Hl. Kreuz geweihte Kirche schmückt — an die Kreuzpräfation am Feste der Kreuzeserhöhung (Exaltatio sanctae Crucis)[5] am 14. September: «... ut, unde mors oriebatur, inde vita resurgeret, et qui in ligno vincebat, in ligno quoque vinceretur ...» (... damit, von wo der Tod ausgegangen, von da das Leben erstünde, und damit jener (d. h. der Tod), der am Holze siegte, auch am Holze besiegt würde ...)[6]. Vgl. 1. Kor. XV, 21.

Die vier Symboltiere der Evangelisten[7] Lukas, Johannes, Matthäus und Markus schweben über dem Trichter und lassen lange Schriftbänder[8] in die Mühle gleiten.

Die Mühle steht mitten auf einem Wolkenboden, welcher das Bild in eine obere und eine untere Hälfte teilt. Die obere zeigt die himmlische, zeitlose Sphäre, die untere den irdischen, zeitgebundenen Bereich. Die Mühle wird von einem Papst und elf Bischöfen durch eine lange Kurbel gedreht. Der Papst steht dicht bei der Mühle auf der linken (liturgisch rechten) Seite, hinter ihm fünf Bischöfe und auf der rechten Seite der Mühle die übrigen sechs. Der Platz des Papstes wird üblicherweise Petrus eingeräumt; und diese eigentümliche Darstellung[9] muss auch so interpretiert werden, dass der Papst und die Bischöfe die zwölf Apostel darstellen[10]; dies gibt einen Accent auf die Ecclesia als wahre Verwalterin der himmlischen Gnadenmittel. Zu Füssen der Mühle knien in ihren traditionellen Gewändern die lateinischen Kirchenväter, von denen Gregorius, Hieronymus und eine Bischofsgestalt sichtbar sind.

Der trennende Wolkenboden zwischen Himmel und Erde ist mittels einer Rinne unter der Mühle durchbrochen. Durch diese Rinne gleitet das Gottesbrot zu den Menschen. Da — unten — ist ein Altartisch; bei diesem — links — steht ein Papst; in der Rechten hält er einen Kelch, darüber — in der Linken — eine Patene, womit er die Hostie auffängt. Bei dem Tisch — rechts — steht ein Kaiser, der — als Gesalbter — den Kelchfuss stützt.[11] Hinter den beiden steht die Menschheit, repräsentiert durch die geistlichen Stände (links) und die weltlichen (rechts). Die Hostien werden den Geistlichen von Bischöfen gespendet. Ein warmer Ockerton beherrscht das Bild. Im Gewölbe sind die Kirchenväter nochmals wiedergegeben, und zwar je einem Evangelistensymbol[12] gegenübergestellt; die Väter sitzen an Schreibpulten aus Felsblöcken.

Die übrigen Malereien in der Kapelle sind u. a. die Credo-Apostel[13] (hier ist ausnahmsweise Christus unter ihnen), acht Scenen aus der Heiligkreuz-Legende[14] (Patrocinium), Verkündigung und eine Strahlenkranz-Madonna. Diese Bilder sind fast gleichzeitig mit dem Hostienmühlenbild entstanden (möglicherweise auch ein wenig früher).

Die ganze Ausmalung ergibt ein reiches Bildkompendium zur christlichen Heilslehre, dabei ist die Passio — auf Grund des Kirchenpatrociniums — besonders stark betont. Entsprechend ist auch bei der Hostienmühle der Passionsgedanke hervorgehoben. Nicht Korn wird in den Mühlkasten geschüttet, sondern Gottvater selbst lässt seinen Sohn in den Mühltrichter hinab. Hier steht Incarnation nicht im Vordergrund (diese ist — wie oben erwähnt — anderswo in dem ehemaligen Chor betont). In diesem Bild liegt der Accent auf Passio, Lehre und Sakrament.

Der geschlossene, spätmittelalterliche Chorraum macht mit seiner wohlabgewogenen und gut erhaltenen Monumental-Ausmalung einen harmonischen Gesamteindruck. Die specifische Originalität der Wandmalerei, die sie von jeder anderen Malerei unterscheidet, besteht darin, dass sie mit der gleichen Intensität den Bildraum und den architektonischen Raum erfasst.

Das Hostienmühlenbild hier ist mit jenen in Malmsheim, Beinstein, Mundelsheim und Eriskirch verwandt, besonders unverkennbar ist die Verbindung mit dem naheliegenden Malmsheim. Die Loffenauer-Freske scheint — mit Ausnahme des Bildes von Eriskirch — die älteste zu sein. Das Felsgebilde am Gewölbe lässt an ähnliche Formationen auf dem Wurzacher-Altar[15] von 1437 denken; fast gleichzeitig taucht die detaillierte Ausführung von Hintergrundlandschaften in der südwestdeutschen Malerei auf, wie es hier in der Heiligkreuz-Legende[16] zu sehen ist. Wir können deshalb vielleicht die Zeit um 1437 als terminus post quem annehmen; einen terminus ante quem bilden wohl die von Stange genannten Jahre um 1480 (die Entstehungszeit des Mundelsheimer-Hostienmühlenbildes[17]). Es scheint mir — wegen des Figurenstils des Loffenauer-Bildes —, dass man die Wandmalerei als aus der Zeit um 1445 einschätzen muss.

Eine sorgfältige und gelungene Restauration wurde 1959 zu Ende geführt, so dass dieses Hostienmühlenbild als eines der besten der überlieferten Wandbilder mit diesem Thema hervortritt.

XI. KAPITEL

MALMSHEIM
Wandgemälde um 1450

Die — heute evangelische — Pfarrkirche in Malmsheim[1] war dem Hl. Germanus geweiht, ein in Süd-Deutschland seltenes Patrocinium.

Wie in Loffenau befindet sich hier die Hostienmühlen-Darstellung auf der Nordwand des Turmchores. Das Bild wurde erst bei der Erneuerung im Jahre 1957, zusammen mit den übrigen Malereien im Chor, freigelegt. Leider sind die meisten sehr schlecht erhalten, und dazu kommt, dass ein späterer Fensterdurchbruch in der Nordwand die mittlere Partie von dem Hostienmühlenbild zerstört hat.

Man sieht auf der linken Seite des Fensters fünf Bischöfe, auf der rechten drei, die alle eine lange Stange fassen. Oben links ist eine kleinere Gestalt in rotem Gewand sichtbar, wahrscheinlich der Markus-Löwe. Im unteren Bildstreifen links erblickt man einen als Prophet gekleideten Mann mit einer turban-ähnlichen — von einer Krone umfassten — Kopfbedeckung (David?); über ihm ein langes, unlesbares Schriftband. Es würde durchaus sinnvoll sein, an dieser Stelle David darzustellen als Präfiguration Christi, als David redivivus. Wenn eine Verkündigungsdarstellung hier fehlt (und es scheint so), wäre die David-Zahl (14) möglicherweise als eine mystische Anspielung auf die dreifache 14 in Mt. I, 17 (Abstammung Jesu) zu verstehen.

Die Bemalung von drei Gewölbekappen konnte freigelegt werden. Die vierte, die südliche Gewölbekappe, wurde durch einstige hindurchgezogene Glockenstränge zerstört. Auf weissem, gestirntem Hintergrund[2] sitzen die Kirchenväter, je einer Engels-Gestalt gegenübergestellt — hier sind es also nicht wie in Loffenau Evangelisten-Symbole —, und die Kirchenväter sitzen an Schreibpulten — nicht an Felsen. Auch die Körperproportionen scheinen hier weniger breit und schwer zu sein als in Loffenau.

Das alles — besonders die aussergewöhnliche Bekleidung der «Apostel» — scheint einen Zusammenhang zwischen Malmsheim und dem naheliegenden Loffenau anzudeuten, und zwar letzteres als Vorbild, obwohl der Altersunterschied nicht sehr gross ist.

Litera gesta docet, quid credas allegoria,
Moralis quid agas, quo tendas anagogia.[1]

XII. KAPITEL

BEINSTEIN
Wandgemälde 1454

In der Pfarrkirche zu Beinstein[2] wurde 1921 ein ungewöhnliches Hostienmühlenbild freigelegt. Es ist ein hohes, schmales Wandgemälde, gemalt — wie üblich — auf der Nordwand des Chorraumes. Es ist so schlecht erhalten, dass eine Beschreibung und Deutung nur mit äusserstem Vorbehalt gegeben werden kann.

Im spitzbogigen Oberteil des Bildes thront Gottvater (umgeben von Engeln?). Von ihm aus fliesst ein Wasserstrom[3] durch eine Stadt, die wahrscheinlich als Jerusalem zu interpretieren ist, das himmlische Jerusalem (Apk. XXI, 2) als Wohnung der Auserwählten Gottes[4]. Dabei muss man sich die mittelalterliche Interpretationsweise — den vierfachen Schriftsinn — vor Augen halten; hier: Jerusalem somatisch[5], allegorisch[6], tropologisch[7] und anagogisch[8].

Und weiter fliesst das Wasser über grüne Auen durch ein Zeltlager[9] bis an die Mühle.

Am Ufer des Stromes erblickt man (undeutlich) einige Gestalten, wahrscheinlich Propheten, die das Flussbett reinigen, um dem Strom freien Lauf zur Mühle zu ermöglichen. Man darf wohl hier eine concordia veteris et novi testamenti annehmen, besonders wenn man Jerusalem und das Zeltlager somatisch betrachtet (bzw. als Stadt in Judäa — und Israel auf der Wanderung). Der Strom als fons vitae verbindet den Alten Bund mit dem Neuen. Genau so können wir es auch in Bern[10], Padua (und Tribsees) beobachten.

Am Wasserrad erblickt man eine Gestalt, die das Wasser über

das Mühlrad leitet. Ist es Petrus[11] oder Christus selber[12]? Dies ist sehr schwierig — wegen des schlechten Erhaltungszustandes des Bildes — zu entscheiden; gewisse Züge weisen auf den spätmittelalterlichen Typ des Schmerzensmannes hin; es wäre jedoch so ungewöhnlich, dass ich eher der «Petrus-Theorie» zuneige.[13]

Eine Gestalt[14] schwebt über der Mühle und senkt ein langes Schriftband[15] in den Mühltrichter, an dessen Rand die «Symboltiere»[16] der Evangelisten sitzen. Auf beiden Seiten der Mühle stehen die nimbierten Apostel. Über den Köpfen der Apostel, links von der Mühle, erkennt man den Umriss einiger Menschengestalten, wie es scheint alle nimbiert; es war mir jedoch nicht möglich sie zu identifizieren.

Unten sind in Andeutungen die Kirchenväter sichtbar; an dem teilweise erhaltenen roten Gewand ist Hieronymus erkennbar.

Unzweifelhaft liegt hier — neben der Concordia-Idee — der Hauptaccent auf dem Logos-Begriff, dem Himmelsbrot, der Lehre und dem Heil in Christo. Der Logos ist ja selbst Symbol, d. h. Zusammenfall seinsmässig geschiedener, aber einander zubestimmter Ordnungen. Er ist Ursymbol der Schöpfung.[17] Christus ist das Ursakrament: «Die erste und universale Ursache des menschlichen Heiles ist das fleischgewordene Wort» (Thomas Aquinas: Summa contra Gentiles IV, 56). Dieselben Gedanken drückt Meister Eckhart aus.

«Et verbum caro factum est» (Jo. I, 14) heisst Zusammenfall von Ewigkeit (verbum als Logos) und Zeit (caro als Verweslichkeit). Und Ambrosius schreibt (Exam. I, 29): «In principio hat Gott die Welt erschaffen» bedeutet «In Christus hat Gott sie geschaffen».

Christus ist das symbolum symbolorum. «Alles, Herr, hast Du an Dich gezogen ... In Dir vollendest Du alle Mysterien.» (Leo I., Sermo 59, 7).

XIII. KAPITEL

MUNDELSHEIM
Wandgemälde um 1480

In Mundelsheim[1] liegt — ausser einer Pfarrkirche — die Kilians-Kirche[2], jetzt Friedhofskapelle. Im Turmchor dieser — jetzt evangelischen — Kapelle[3] ist auf der Nordwand ein Hostienmühlenbild[4] gemalt, welches einige ikonographische und inhaltsmässige Ähnlichkeiten mit jenem in Loffenau aufweist.

Auch hier lässt Gottvater, zuoberst im Bild, seinen Sohn in den Mühltrichter hinab. Der Vater trägt eine geschlossene Krone, von demselben Typ, womit man am Ende des 15. Jahrhunderts die Kaiser abbildete. Hier schüttet Gott die Leiden seines Sohnes in den Mühltrichter und wandelt somit das Opfer zum Brot[5] der Erlösung und des Lebens. «Ausgespannt hat Gott am Kreuz seine Hände, um die Grenzen der Ökumene zu umfangen, denn dieser Berg Golgatha ist die Mitte der Welt» (Cyrillus Hier., Cat. 13, 28; vgl. S. 60, 170,5 und 171,6). «Denn so sehr hat Gott die Welt geliebt, dass Er seinen eingeborenen Sohn dahingegeben hat, damit jeder, der an Ihn glaubt, nicht verlorengehe, sondern ewiges Leben habe» (Jo. III, 16). Christus ist das Princip der Gnade, seiner Gottheit nach auctoritate, seiner Menschheit nach instrumentaliter.

> «... Uff Mittentag ze none,
> daz weizenkörnli frone,
> gab für uns Blut und Seal.»[6]

Ein solches Bild von Christus humilitatis ist ein äusserst subjektives Bild. Es ist keine blosse Darstellung, sondern es fordert dem Betrachter Gefühle ab; und wer diese nicht aufbringen kann, wird es nie voll und ganz verstehen. Der Realismus dieser Epoche ist aus der tiefen Frömmigkeit und Mystik zu verstehen, die bestrebt ist, sich mit den Leiden Christi zu identificieren. Leid und Mitleid werden eins. In seiner Leidensbereitschaft sucht sich der Mystiker sein Heil. Besonders deutlich drückt sich hier das Mysterium als subjektive Mystik aus.[7] Für den mittelalterlichen Menschen spielte sich das flüchtige und nichtige Leben vor dem Hintergrund der Heilsgeschichte ab, der vertrauten Sakralgeschichte mit ihren entscheidenden Ereignissen: Erschaffung — Leiden und Tod Christi — Auferstehung. Die Rettung seiner Seele hing von seinem Anschluss an dieses weltgeschichtliche Drama ab.

Das Bild trägt also — wie die Bilder in Loffenau und Eriskirch — gewissermassen die Züge eines Kelterbildes. Hier in Mundelsheim — sowie in Loffenau — hat die beliebte Darstellung des vir dolorum eingewirkt. Man kann ja überhaupt die Gotik als Stil des Leidens — und Stil des Triumphes zugleich (Jo. XVI, 33) — bezeichnen. Die Leiden Christi prägten auf eine neue und lebendige Weise die Kunst und auch die Kirche, welche ja der Leib Christi ist.

Passionsbilder spielten somit im Spätmittelalter — dem Zeitalter der Imitatio Christi[8] — eine grosse Rolle. Ja die Passion bildete das Hauptthema des Kunstschaffens der Mystik; und wenn irgendwo die Kunst den Charakter deutsch-mystischen Denkens wiederspiegelt, so ist es hier.

Um Christus schweben die Symbolgestalten[9] der Evangelisten mit (unlesbaren) Schriftbändern. Der Bildteil links der Mitte ist zerstört; dort waren wahrscheinlich sechs Apostel, die die Kurbel drehten, denn rechts sieht man die übrigen sechs an der Kurbel. Spätere Stein-Epitaphien decken jetzt den unteren Teil des Bildes, wo sich gewöhnlich die Kirchenväter befinden.

In den Gewölbekappen sind die vier Kirchenväter dargestellt, grossgestaltig, an Schreibpulten sitzend.[10] An den übrigen Wänden ist das Leben des Titelheiligen dargestellt. Man spürt an der Kleiderbehandlung, Haltung und Bewegung der Gestalten die sich nähernde Renaissance.

XIII MUNDELSHEIM

Es sei nur erwähnt, dass sich in der jetzigen Pfarrkirche[11] einige Bilder befinden, die auf das Mühlenthema anspielen. An der Nordwand des Chores — also an der entsprechenden Stelle, wo sich in der Kapelle das Hostienmühlenbild befindet — erscheinen vier Scenen, die mit dem Messopfer in Beziehung zu bringen sind: «Mannalese», «Passahfest», «Melchisedek reicht Abraham Brot und Wein» und «Elias wird von Engeln in der Wüste gespeist». Diese Bilder — die gegen 1480 entstanden und 1934 freigelegt worden sind — haben eine ausgesprochen präfigurative Beziehung zur Eucharistie; und wenn diese Bilder, die gleichzeitig mit dem Hostienmühlenbild entstanden sind, als Typen[12] zu verstehen sind, dann hat man das Bild in der Kapelle zur Zeit dieser Ausmalung mit mindestens so viel Accent auf das Altarsakrament als auf die Passion interpretiert.

Wenn es eine solche Anknüpfung gäbe — und es ist anzunehmen —, könnten wir feststellen, dass die ikonologische Beziehung dieses Hostienmühlenbildes über die Friedhofkapelle selbst hinausreicht.

Möglicherweise hat das Bild in Sct. Kilian auch nur diese Ausformung (mit dem trinitarischen Schmerzensmann) bekommen, weil der Künstler (oder Auftraggeber) das naheliegende Loffenau-Bild gekannt hat; auffällige Ähnlichkeiten sind ja vorhanden, nur ist hier — in Sct. Kilian — das Patrocinium nicht das Hl. Kreuz.

Das Hostienmühlenbild ist um 1480 entstanden.

Verbum Domini manet
in aeternum.
(1. Petri I, 25)

XIV. KAPITEL

STEEG
Wandgemälde 2. Hälfte des 15. Jahrhunderts

Die heute evangelische Kirche in Steeg[1] war früher der Hl. Anna geweiht. Die einschiffige, hochgotische Kirche des 14. Jahrhunderts wurde um 1410—1420 durch Hinzufügung eines nördlichen Seitenschiffes zu einer zweischiffigen Hallenkirche ausgebaut.

In diesem nördlichen Seitenschiff[2] wurde in der zweiten Hälfte des 15. Jahrhunderts ein Hostienmühlenbild gemalt[3]. Es ist anzunehmen, dass hier früher — nämlich kurz nach dem Bau dieses Seitenschiffes — ein Bild (oder mehrere) gemalt wurden, also um 1420. In einem reichen Ort wie Steeg mussten wahrscheinlich die Stiftungen der Vorgänger bald neuen Bildern weichen.[4]

Das Bild, das etwas jünger ist als die übrigen Bilder an dieser Wand, ist eigenartig dadurch, dass es scheinbar völlig losgerissen von seinem natürlichen Zusammenhang[5] steht; hat hier etwa früher ein Altar gestanden? Übrigens könnte man hier — in einer der reichsten Weingegenden — wohl eher ein Kelterbild erwarten.

Das Gemälde scheint beschnitten zu sein; es misst heute in der Höhe 206 cm und in der Länge 276 cm (geknickt: 130 + 146 cm). Aufbau und Inhalt gleichen der Miniatur von Metten.

Gottvater und Verkündigungs-Scene sind fast genau dieselben wie in Metten. Gabriel trägt hier einen Stab, wie es seit dem 6. Jahrhundert (in Ravenna und anderswo) bei den himmlischen Boten üblich war; ein Zeichen dafür, dass der Beauftragte bevollmächtigt war, eine Macht auszuüben oder eine Botschaft weiterzuleiten. Caducifer (Herold) bedeutet ja eigentlich Heroldstab-Träger (caduceus und fero). Die ältesten Stäbe waren — kürzer oder länger — recht einfach. Die Heroldstäbe entwickelten sich aber dann bald zu ziemlich langen Kreuzstäben, hauptsächlich von Erzengeln[6] getragen. Nach einer Zeitspanne von fast hundert Jahren — wo man auf den antiken stab- und flügellosen Engeltyp zurückgriff (nicht sein besonderes Amt war wichtig, sondern die Präsens Gottes auf Erden, die er vermittelte) — wurde in der karolingischen Spätrenaissance der Kreuzstab durch den Lilien- oder Olivenstab (oder -zweig) ersetzt — der erste ein Hinweis auf «gratia plena» (Lilie = göttliche Gnade), der letzte auf «Dominus tecum» (Olive = göttlicher Friede). Der Erzengel scheint hier einen Lilienstab zu tragen.

In der Frühzeit wird oft Maria von Gabriel beim Wasserholen (ein Hinweis auf das Leben) oder beim Spinnen (d. h. Frömmigkeit) begrüsst[7]; in der Gotik kniet sie zumeist auf einem Betschemel, wenn der Verkündigungs-Engel zu ihr tritt; so auch hier.

Hier ist die Reihenfolge der Evangelistensymbole: Adler, Mensch, Stier und Löwe; sie lassen (teilweise unlesbare) Schriftbänder in den Mühlkasten hinuntergleiten.

Weil das Bild hier in «Querformat» gezeigt ist, können die Apostel in einer Reihe[8] stehen. Sie stehen auf einem grünen Streifen, welcher das Reich des Heils von dem Erden-Reich trennt. Der Hintergrund ist ein stark leuchtendes Rot.

Als Repräsentanten der Kirche knien zuunterst die vier Kirchenväter (Reihenfolge: Augustinus, Hieronymus, Gregorius, Ambrosius) und fangen die Hostie in einem Kelch auf; sie sind in derselben Reihenfolge wie in Metten wiedergegeben. Gregorius ist — wie in allen übrigen Hostienmühlenbildern — mit der dreikronigen Tiara gezeigt (obwohl dieser Tiaratyp erst 700 Jahre nach seinem Pontifikat entstand). Die Schriftbänder der Väter sind fast unlesbar, doch scheint das Band Augustini (teilweise) derselbe Inhalt gehabt zu haben wie das entsprechende Schriftband in Erfurt (siehe S. 119).

Ob die Darstellungen des Christuskindes im Kelch ihre Wurzeln in den Kelterbildern haben, sei dahingestellt. In Steeg jedoch schwebt nicht das Kind, sondern die Hostie über dem Kelch. Die runde Gestalt der Hostie soll uns daran erinnern, dass Gott Anfang und (zugleich) Ende ist; Er «ist die Erde und was sie erfüllt, der Erdkreis und die ihn bewohnen» (Ps. XXIV, 1). Die Hostie ist weiterhin die Münze von der Steuerfrage (Mt. XXII, 19; Mk. XII, 15; Lk. XX, 24); sie (die Hostie in Steeg) trägt eine Prägung (ein Kreuz und eine nicht mehr identificierbare Gestalt). Sie erinnert auch an die Münzen der Arbeiter im Weingarten (Mt. XX, 2 seq.) und an jene des Verräters des Herrn (Mt. XXVI, 15; Mk. XIV, 11; Lk. XXII, 5) nach Honorius Augustodunensis: Gemma animae I, 35 (Patr. Lat. CLXXII, 555), Sicardus III, 6 (Patr. Lat. CCXIII, 119 A) und Durandus IV, 41 n. 8. — Vor allem aber soll die Hostie, wenn sie vor uns erhoben wird (elevatio), sagen: Siehe den Sohn Gottes, der dem himmlischen Vater für dich seine Wunden zeigt; siehe den Sohn Gottes, der für dich am Kreuze erhöht wurde; siehe den Sohn Gottes, der kommen wird, zu richten die Lebendigen und die Toten.[9] Die Hl. Eucharistie ist der Edelstein in der Krone der Ecclesia.

Das Hostienmühlenbild in Steeg ist sehr in Mitleidenschaft gezogen — besonders die rechte Hälfte. Alle Gestalten — ausser Gott — tragen Schriftbänder, die meisten aber sind kaum lesbar. An dem von der Mühle zur Hostie reichenden Band kann man folgende Buchstaben (gotische Minuskeln) erkennen: um care fac.[10]

Das Bild ist — wie früher erwähnt — kein Glied einer Gesamtkomposition; und es steht merkwürdig allein. Vielleicht bringt die bevorstehende Restaurierung etwas mehr Klarheit über das Bild und dessen Position.

XV. KAPITEL

SIEZENHEIM
Wandgemälde 1. Hälfte des 16. Jahrhunderts

Wenige Kilometer westlich von Salzburg liegt der kleine Ort Siezenheim[1] (fast bei Saalach). Die Pfarrkirche, Unserer Lieben Frau Geburt[2], wurde am 14. April 1506 geweiht. Sie löste eine ältere von 1408 ab, die im Jahre 1500 niedergebrannt war.

An der Südostwand finden wir ein Hostienmühlenbild, hoch an die Wand gemalt. Es wurde nach dem Zweiten Weltkrieg entdeckt und sorgfältig freigelegt; es wurde nicht näher untersucht und ist in der Fachliteratur unbekannt.

Das Bild misst ungefähr 225 cm in der Breite, ungefähr 300 cm in der Höhe und ist recht gut erhalten, obwohl die Farben etwas verblichen sind. Die ziemlich derbe Malerei, von einem spätgotischen Spitzbogen umgeben, ist — durch «Fussböden» — in drei Teile geteilt: 1. Gottvater, Verkündigung und Mühlentrichter; 2. Apostel, Mühlrad und Engel; 3. Hl. Messe, Kirchenväter und Volk.

Das Bild ist in mehr als einer Beziehung einzigartig, ähnelt aber in gewissen Zügen dem Hostienmühlenbild von Tamsweg (ebfl. Erz-Diöcese Salzburg). Hinter dem Kopf des Vaters ist ein quadratischer[3] Nimbus; er dreht sich nach links[4], wo Maria kniet. Ihr gegenüber kniet der Erzengel Gabriel mit einem (unlesbaren) Schriftband. Maria hat gekreuzte Hände, das Zeichen der Unschuld. Während der Verkündigungs-Engel mit seiner segnenden Rechten (ein Spiegelbild der göttlichen Segensgeste) ihr gegenübersteht, steht die Matthäus-Symbolgestalt bei Maria und deutet mit seiner Rechten auf Gabriel. Als eine Introduction zum Thema liegt vor Maria ein Mühlstein und ebenso einer vor Gabriel (vgl. Tamsweg).

Zwischen den beiden Gestalten stehen die vier Evangelisten[5] dicht hinter dem Mühltrichter; sie schütten aber weder Korn noch Spruchbänder, sondern Oblaten[6] aus langgestreckten, flachen Schüsseln in den Trichter, woraus sie in den Mühlkasten fallen.

Der Mühlraum hat eine gewisse Ähnlichkeit mit dem in Tamsweg, ist aber ohne Fenster und weniger elegant ausgeführt. Das Mühlrad wird — wie in Tamsweg — von den zwölf Aposteln getrieben; hier aber haben die Zwölfboten keine Namensbänder, und sie tragen — bemerkenswerterweise — Schuhe (siehe S. 126).

In und vor dem Mühlraum sind sechs Engel fleissig damit beschäftigt, das Mehl zu sammeln, zu sieben, zu kneten und zu Hostien zu formen. An der Wand hängen ein Sieb, Schüsseln[7] und ein grosses Fass. Diese Darstellung von Engels-Aktivitäten ist einzigartig. Man kennt sie von keinem erhaltenen Hostienmühlenbild; nur bei der «Bibelmühle», dem polemischen Holzschnitt von 1521[8], kommt eine formal vergleichbare Scene vor.

Das unterste Drittel des ganzen Bildes ist durch Flachbogen in drei Scenen geteilt. Das Koncept ist wie das entsprechende in Tamsweg: Hl. Messe — Kirchenväter mit Kelch — «Das Volk».

Der Geistliche, der die Hl. Messe celebriert und von zwei Klerikern begleitet wird, trägt das Pallium; vielleicht ist hier der Fürst-Erzbischof von Salzburg gemeint. Vor ihm kniet ein Kommunikant.

Die Kirchenväter sind mit Namensbändern — wie in Tamsweg — versehen, hier jedoch mit der deprekatorischen Hinzufügung nach jedem Namen: «ora pro nobis». Das im Kelch stehende, nimbierte Kind hat keine unmittelbare Verbindung mit der Mühle, denn jede von den drei unter einander gemalten Bilderreihen ist mit einer soliden Fussboden/Decke von der benachbarten getrennt. Dazu kommt, dass die unterste Reihe sogar aus drei gewölbten Räumen besteht. Statt der direkten Verbindung mit der Mühle schwebt die Taube des Heiligen Geistes[9] über dem Kopf des Christuskindes; auch diese Darstellungsweise ist einmalig bei den bekannten Hostienmühlenbildern.

XV SIEZENHEIM

Das dritte Bild, «Das Volk», zeigt zweimal drei Personen; im Vordergrund drei kniende Gestalten: ein Kaiser, gefolgt von einem Edelmann[10] und einer Frau; hinter ihnen drei Männer[11].

Der Incarnations-Aspekt ist durch die Verkündigungs-Scene und durch den Heiligen Geist angedeutet. Auf den Eucharistie-Gedanken ist angespielt durch das (missverstandene) Einschütten von Oblaten (und die Mühlsteine oben), durch das ausführliche Brot-Bereiten und durch die Darstellung der Hl. Messe unter Teilnahme des höchsten kirchlichen Dignitars und «der ganzen Welt». Hier sind beide Aspekte — Incarnation und Eucharistie — wohl fast gleich stark betont. Man bemerke, dass sich das Bild nicht an der Evangelienseite und nicht in Altarnähe befindet.

Das Bild ist recht schwer datierbar. Es gibt — wie früher erwähnt — noch keine gründliche Untersuchung dieses Bildes, und in der Literatur wurde ihm bis jetzt kein Platz eingeräumt. Ausserdem nimmt es in vielen Beziehungen unter den Hostienmühlenbildern eine Sonderstellung ein.

Ich würde es in der 1. Hälfte (oder im 1. Drittel) des 16. Jahrhunderts einstufen, obwohl ich mir bewusst bin, dass einzelne Züge auf eine frühere Zeit hindeuten könnten.[12] Es gibt jedoch einen terminus post quem, nämlich das Jahr 1506, in welchem die Kirche fertiggestellt war; einen nachweisbaren terminus ante quem gibt es meines Wissens nicht. Die ungewöhnliche Verkündigungs-Scene, das Einschütten von Oblaten, die schuhtragenden Apostel, das «Brot bereiten»[13] in so ausführlicher, ja fast materialistischer Weise zu beschreiben, die Architekturwiedergabe in der untersten Reihe[14], das Fehlen der direkten Verbindung zwischen Mühle und Kelch und die Form der Mitren — dies alles deutet darauf hin: sollte eine ältere Vorlage benützt worden sein, dann ist sie ganz sicher nur in groben Zügen befolgt und wahrscheinlich nicht richtig verstanden worden.

Die Entstehungszeit ist die Epoche des vordringenden Individualismus und des damit verbundenen Realismus. Hier ist nicht mehr dieselbe einfache und innige Verbindung von Idee und Form wie in den früheren Hostienmühlenbildern.

Man spürt die sich nähernde Renaissance. Himmel und Erde sind sich nicht mehr so nahe wie in den früheren Zeiten.

Ausser den eben besprochenen 7 Wandgemälden mit Hostienmühlen-Motiv aus dem deutschsprachigen Raum gibt es noch eines, und zwar in Schweden; siehe Kapitel XXX, S. 151.

XVI. KAPITEL

DOBERAN
Altarbild 1. Viertel des 15. Jahrhunderts

Das stattliche Cistercienser-Münster (gebaut 1298—1368) zu Doberan (Mecklenburg) beherbergt in seinem nördlichen Seitenschiff ein Triptychon aus dem 1. Viertel des 15. Jahrhunderts; die Haupt-Tafel zeigt eine Hostienmühle. Der Retabel ist nicht gross und hat sicher als Seiten-Altar gedient. Es ist übrigens bemerkenswert, dass kein bekannter Haupt-Altar — abgesehen von jenem in Tribsees[1] — die Hostienmühle als Hauptmotiv hat; wenn dieses Motiv auf den Fron-Altären vorkommt, ist es gewöhnlich auf einer Flügel-Aussenseite, oft in Zusammenhang mit anderen (thematisch ähnlichen) Motiven angebracht. An und für sich kann es sehr wohl als eine in sich abgerundete Darstellung der Heilslehre allein stehen, besonders wenn es — wie hier — als Centralbild auftritt.

Die Flügel sind hart in Mitleidenschaft gezogen und wohl nicht zu deuten. Braun[2] aber identificiert das rechte Flügelbild als eine Scene aus der Vita des Hl. Martinus; dies scheint jedoch äusserst unsicher. Auf der Predella sieht man in der Mitte Christus, seine Seitenwunde zeigend (ostentatio vulnerum) und das apokalyptische Buch haltend. Die Gestalten auf beiden Seiten sind: Sct. Georg, Sct. Johannes Evangelista, Sct. Petrus und Sct. Paulus, Scta. Katharina (von Alexandria), Sct. Cyrillus[3]? Die Predella ist von hoher Qualität, gehörte indessen ursprünglich nicht zu dieser Altar-Tafel. Während die Predella wahrscheinlich eine Lübeckerarbeit ist, vielleicht von Hermen Rode um 1470 gemalt, wurde die Altar-Tafel um 1410 gemalt und von dem westfälischen Maler Conrad von Soest beeinflusst (Fründt).

Die Haupt-Tafel zeigt in der oberen linken Ecke (wo sonst der Verkündigungs-Engel seinen Platz hat) ein kniendes, vornehmes

Paar, wahrscheinlich das Stifter-Paar[4]. Die Stifter sind noch — wie in der Früh- und Hochgotik — ganz klein dargestellt. Gegenüber — in der oberen rechten Ecke — steht die Himmels-Königin («pulchra ut luna, electa ut sol», Cant. Cant. VI, 9) als Strahlenkranz-Madonna[5] mit dem Kind auf dem Arm. Sie steht auf der Mondsichel, also hier als Maria apocalyptica, eine Anspielung auf die apokalyptische Frau (Apk. XII, 1 seq. und damit auch auf Gen. III, 15). Seit Ende des 12. Jahrhunderts (hortus deliciarum) wurde in der bildenden Kunst der Bezug Marias auf die apokalyptische Frau immer deutlicher. Schon aber bei dem Hl. Methodius von Philippi[6], diesem ehrwürdigen Exponenten der theologia cordis, können wir lesen (Symp. VIII): «Das Weib am Himmel, umgürtet mit der Sonne ... den Mond als Schemel unter den Füssen, das Weib in den Wehen und Schmerzen der Geburt — das ist recht eigentlich im genauen Sinn unsere Mutter ...»; und «unsere Mutter» bedeutet hier im Hostienmühlenbild auch die Ecclesia[7]. Maria als Christusgebärerin durch den Heiligen Geist — Ecclesia als Christengebärerin durch die Sakramente. Über beiden schwebt die Taube des Pneumas[8] — und beide sind sie aus Gott geboren. Und so wie Christus durch Maria zu uns herabsteigt, so werden wir durch die Ecclesia zu Ihm hinaufsteigen. Katabasis und Anabasis verschmelzen in der Taufe und in der Eucharistie. Die apokalyptische Frau ist hier auch als ancilla Domini (Lucas I, 38) zu verstehen und nimmt den traditionellen Platz dieser Darstellung ein.

Die Geburt ist der Anfang der Passion; die Passion aber bedeutet die Geburt in die Ewigkeit Gottes. Das Weizenkorn wird in der Mühle zermalmt — und trägt viele Früchte.

Vom Himmel — angedeutet durch einen Cirkelbogen, der hinunterreicht von der obersten Bildmitte — schütten die Symbolwesen der Evangelisten[9] aus langhalsigen Krügen[10] Schriftbänder in die Mühle, welche von den zwölf Aposteln gedreht wird. Hier stehen Petrus und Johannes der Mühle am nächsten.

XVI DOBERAN

Auf den Schriftbändern ist zu lesen[11] bei

Johannes: In principio erat verbum (I, 1).
Matthäus: Non omnes capiunt istud verbum (XIX, 11).
Lukas: Videamus hoc verbum, quod dominus ostendit nobis (II, 15).
Markus: Qui seminat, seminat verbum (IV, 14).

Von der Mühle läuft ein Schriftband in den Kelch, welcher von den vier knienden Kirchenvätern gehalten wird; auf dem Band steht: «(verbu)m caro factum est, et habitavit in nobis, et vidimus gloriam e(ius)» (Ioannes I, 14). Hier erscheint das Christuskind nicht im Kelch, was oft der Fall war (so in den zwei andern mecklenburgischen Darstellungen in Rostock und Retschow — und übrigens auch in jener des nahe gelegenen Tribsees, Pommern).

Es besteht eine erstaunliche Ähnlichkeit unter den Schrift-Texten auf den Altar-Tafeln, die sich übrigens alle — mit einer Ausnahme (Ulm) — in Nord-Deutschland befinden, und zwar vier von sechs allein in Mecklenburg und Pommern.

Auf beiden Seiten der Kirchenväter kniet das Volk, jede Gruppe von einem Mönch angeführt; diese zwei Mönche haben je ein Spruchband in der Hand. Auf dem linken, bzw. rechten lesen wir:

Opus restaurationis nostrae est incarnatio verbi dei.[12]
Non liberaretur genus humanum, nisi verbum dei fieret homo.[13]

Auch die zwölf Apostel haben Spruchbänder, wovon elf lesbar sind:

Verbum bonum et suave personemus[14] (vgl. Sapientia XII, 1).
Verbum dei praedicamus omni creaturae[15] (vgl. Marcus XVI, 15).
In mansuetudine suscipite insitum verbum[16] (vgl. Iacobi I, 21).
Verbum abbreviatum faciet dominus super terram[17] (vgl. ad Romanos IX, 28 und Isaias X, 23).

Hoc verbum quod praedicamus christum crucifixum[18] (vgl. 1. ad Corinthios I, 23).
Renati non ex semine corruptibili, sed incorruptibili verbo dei[19] (vgl. 1. Petri I, 23 und 1. ad Corinthos XV, 42).
Manus nostrae tractaverunt de verbo vitae[20] (vgl. 1. Ioannis I, 1).
Verbum dei multiplicabatur et crescebat[21] (vgl. Act. Apost. XII, 24).
Non erit impossibile apud deum omne verbum[22] (vgl. Lucas I, 37).
Sufferatis verbum solatii[23] (vgl. ad Hebraeos XIII, 22).
Voluntarie genuit nos verbo dei[24] (vgl. Iacobi I, 18).

Die Spruchbänder — besonders die, welche die Mönche halten — weisen deutlich auf den Incarnations- und Logos-Aspekt hin. Ganz konsequent wird nicht Korn in die Mühle geschüttet, und keine Hostie — auch kein Christuskind — wird in dem Kelch gezeigt. Die Ideen-Association: Korn - Brot - Hostie und damit der eucharistische Aspekt bleibt ganz unbetont — ist aber natürlich implicit; dies ergibt sich allein daraus, dass das Bild die Hauptzierde des Altars ist, des Ortes von Christi immerwährender Gegenwart in dem Hl. Altar-Sakrament.

Se nascens dedit socium,
Convescens in edulium,
Se moriens in pretium,
Se regnans dat in praemium.
(siehe S. 87)

XVII. KAPITEL

GÖTTINGEN
Altar 1424

Von der Göttinger Franciscaner-Kirche, einer Klosterkirche[1], am Anfang des 14. Jahrhunderts gebaut, stammt eine der schönsten und best erhaltenen Altar-Tafeln mit Hostienmühlenmotiv.

Der Eichenholz-Retabel wurde 1424 gemalt und ist ein sehr grosses Pentaptychon, das — ohne Predella — 305 cm in der Höhe misst und eine Breite — bei geöffnetem Zustand — von 787 cm aufweist. Pentaptychon-Altäre sind keineswes selten in Mecklenburg, Pommern, Westpreussen, Sachsen, Brandenburg, Thüringen und Schlesien. Nach Einführung der Reformation in Göttingen verliessen die Barfüsser das Kloster am 23. Juli 1533. Nachher wurde es erst als Zeughaus verwendet und später (1820) abgebrochen. Der Altar wurde Anfangs des 18. Jahrhunderts in die Sct. Nikolai-Kirche und danach (am Anfang des 19. Jahrhunderts) in die Pauliner-Kirche versetzt. Seit 1863 steht das Altarbild in Hannover.[2]

Das Retabel als Ganzes gibt ein Kompendium der christlichen Glaubenslehre:

1. Wenn die Innenflügel geöffnet sind, wird das Hauptbild, die Kreuzigung, gezeigt — umgeben von Passions- und Maria-Scenen nebst Heiligenlegenden.

2. Wenn die Innenflügel geschlossen sind, sieht man die Zwölfboten mit Büchern; in jedem Buch steht einer von den zwölf Glaubensartikeln, der zu dem entsprechenden Apostel gehört.[3] Darunter dreimal vier Stifterwappen.

3. Wenn die äusseren Flügel geschlossen sind, kommen vier Allegorien zum Vorschein: Christi Wohltaten den Menschen gegenüber; links unten die Hostienmühle (Incarnation und Altarsakrament), darüber der zwölfjährige Jesus im Tempel (Lehrtätigkeit), rechts unten als «Pietà» Christi Passion und Christus als der Auferstandene (Leiden und Auferstehung), darüber ein Pestbild (Gericht und Gnade).

Auf der Rahmenleiste, die die zwei unteren von den zwei oberen Bildern trennt, ist zu lesen: «Anno domini millesimo quadringentesimo vicesimo quarto sabato ante d(omi)nicam quartam post pascha / ista tabula conpleta est sub fratre luthelmo protunc gardiano conventus istius orate (pro eo).» Die Tafel war also am 20. Mai 1424 fertiggestellt.

Der Hintergrund vom Hostienmühlenbild ist ein Sternteppich, Goldsterne auf rostrotem Hintergrund. Zuoberst in der Mitte Gottvater in einer stilisierten Wolke; er erhebt seine Hand segnend gegen die nimbierte Maria in der rechten oberen Ecke; Strahlen aus den Wolken fliessen gegen Marias Ohr. Der Hl. Jungfrau gegenüber — in der linken oberen Ecke — steht der Erzengel Gabriel mit einem Spruchband: «ave gratia plena d(omi)n(u)s tecum», und das Spruchband Marias antwortet: «ecce ancilla domini fiat michi sec(u)nd(um) v(er)bum tuu(m)».

Von den Wolken schweben die vier Evangelisten in ihren Symbolgestalten hinab und schütten — jeder aus seinem Krug — ein Schriftband in den Mühlkasten. Die Evangelisten sind von links nach rechts: Johannes, Matthäus, Lukas und Markus. Ihre Texte lauten:

Johannes: in principio erat ve(rbum).[4]
Matthäus: vidim(us) hoc verbum qu(od) d(omi)n(u)s.[5]
Lukas: q(uod enim) in ea na(tum est).[6]
Markus: hic e(st) filius.[7]

Vom Trichter hinab in die Mühle fliesst ein Spruchband: «et deus era(t) (ver)bu(m)» (Ioannes I, 1) und unten aus der Mühle ein anderes: «et v(er)b(um) caro f(a)c(tu)m e(st)» (Ioannes I, 14). Die Beschriftungen sind die gleichen wie in Tribsees, Retschow und Erfurt.

Die Mühle wird von den zwölf Aposteln getrieben, indem sechs Jünger auf jeder Seite eine lange Kurbel drehen. Petrus und Johannes sind leicht erkennbar; sie stehen der Mühle am nächsten, bzw. an der linken und rechten Seite.

Unter der Mühle knien die vier lateinischen Kirchenväter. Sie heben einen Kelch empor, um das Schriftband entgegenzunehmen; in dem Kelch kniet das Christuskind mit Kreuznimbus. Links von den Vätern und vor den Aposteln kniet eine kleine Mönchsgestalt. Es ist der Hl. Franciscus, der Ordensheilige, leicht erkennbar durch seine Stigmata; sein Spruchband lautet: «Salvator noster dilectisimi hodie natus est, ga(udea)mus». Der «Pater seraphicus» ist in besonders evidenter Weise ein eucharistischer Heiliger («alter Christus» wird er sogar genannt von Papst Pius XI. in seiner Encyclica «Rite expiatis»). Ihm gegenüber — auf der rechten Seite der Kirchenväter — kniet eine andere kleine Gestalt im Bischofsornat; das ist der Hl. Ludewicus von Toulouse[8]; sein Spruchband lautet: «Natifitas tua gaudium annuntiavit universo mundo»[9].

Obwohl die Kommunion-Scene nicht in dem Bild vorkommt — ja sogar auch nicht Korn und Hostie —, dürfen wir es vielleicht doch ein wenig anders beurteilen als die meisten Hostienmühlenbilder mit einer derartigen Darstellung. Solche Bilder können sehr wohl allein stehen — und tun es manchmal auch; in solchen Fällen muss man sie einem selbständigen Urteil unterziehen. Hier aber steht das Bild in einem ganz engen ikonologischen Zusammenhang, und zwar mit den drei anderen Allegorien, von welchen jedes seinen Aspekt von der Glaubenslehre zum Ausdruck bringt.

Es war sicherlich die Absicht des geistigen Vaters des Bildes, sich so ausführlich wie möglich auszudrücken; diese Ausführlichkeit in Ausdruck und Wiedergabe ist ja überhaupt ein deutliches Kennzeichen in der spätmittelalterlichen Kunst. Es fehlen in den drei übrigen Bildern die Incarnations- und Eucharistie-Aspekte. In dem Hostienmühlenbild ist der erstere evident vorhanden; vergleiche auch die Schriftbänder bei den Evangelisten und besonders bei den zwei Heiligen. Wenn das Ganze komplett sein soll, muss man annehmen, dass der Eucharistie-Gedanke auch in unserem Bild enthalten ist, so dass der Christus im Kelch — ausser das Himmelsbrot zu sein — auch das eucharistische Brot ist, «daz fur den dot dan ist gesont»[10]. Als Altarbild liegt dieser Gedanke ja auch nahe.

Die grossgestalteten Maria-Darstellungen sowohl in dem Hostienmühlenbild wie in der «Pietà» zeugen von der marianischen Einstellung des Franciscanerordens. Übrigens weise ich darauf hin, dass das Datum von Mariae Verkündigung (25. März) — also des Eintritts Jesu in die Welt — im Mittelalter (und im Frühchristentum) als mit dem Todestag Jesu zusammenfallend geglaubt wurde. (Siehe S. 108.)

Das Hostienmühlenbild birgt in sich Incarnation, Passion und Eucharistie; durch diese drei Eulogien nimmt Christus den Menschen an, d. h. der Mensch wird erlöst.

Der auf der Rahmenleiste genannte Guardian Luthelmus kniet — als ganz kleine Figur — am Fusse des Kreuzes im Hauptbild des Altars (Spruchband: o spes et salus in te credencium). Ihm gegenüber (rechts) kniet ein anderer Franciscaner, als «f.r hé dud'stat» bezeichnet[11] (Spruchband: miserere nostri hic existencium). Luthelmus ist als Guardian des Klosters und Vertreter der Brüder dargestellt. Wer ist aber der ältere, ihm gegenübergestellte Ordensangehörige? Wahrscheinlich nicht der Maler, wie es in der Fachliteratur[12] oft angenommen wird; es fehlt etwa «(hoc opus) fecit» oder «pictor», und es war auch damals noch nicht üblich, den Maler an einem so betonten Ort abzubilden. Der Stifter dieses prächtigen Altares kann es auch nicht sein, schon wegen der strengen Armutsregel des — von dem Poverello gestifteten — Ordens. Übrigens sind die Stifter schon durch ihre Wappen bezeichnet (unter den Apostelgestalten, siehe S. 83).

Eher ist es, wie auch Behrens (siehe S. 179, 13) meint, der gelehrte Schöpfer des Altar-Programmes, ein höhergestellter Theologe, vielleicht der Custos. Der Franciscaner-Orden war in Provinzen eingeteilt, und diese wieder in Custodien. Innerhalb der letzteren gab es keine Hauptklöster, denen die andern unterstellt waren, wie etwa bei den Benediktinern, sondern der Custos weilte abwechselnd — oft längere Zeit — als eine Art Inspektor und Inspirator in den Klöstern seines Kreises.

Von dem Maler können wir nur feststellen, dass er der niedersächsischen Schule verpflichtet war.[13]

Im Hoch- und Spätmittelalter entfaltete die Sakraments-Mystik ihre schönste Blüte — angefangen mit den Heiligen Juliana, Bonaventura und Thomas Aquinas über den Seligen Heinrich Seuse bis zu dem gottseligen Thomas a Kempis und dem Heiligen Nikolaus von Flüe (die beiden letzten aus dem 15. Jahrhundert) —, um nur einige von den bekanntesten zu nennen.

Besonders der Aquinate hat uns viele und tiefsinnige Schriften zur Sakraments-Mystik hinterlassen:

XVII GÖTTINGEN

Caro cibus, sanguis potus,	Blut ist Trank, und Fleisch ist Speise,
Manet tamen Christus totus	Christus ist's in jeder Weise,
Sub utraque specie.	Der in diesen beiden steckt.

(Aus «Lauda, Sion, salvatorem». Siehe S. 199, 70 und 201, 89.

Se nascens dedit socium,	In der Geburt ward Er uns Bruder,
Convescens in edulium,	Im Mahle die Speise,
Se moriens in pretium,	Sterbend der Lösepreis
Se regnans dat in praemium.	Herrschend unser Lohn.

(Aus «Verbum supernum prodiens». In festivitate Corporis Christi, ad Laudes.)

Über seinem Grab in St. Saturnin zu Toulouse ist er — mit einer Hostie in der einen Hand und einem Flammenschwert in der anderen — dargestellt; darunter die Worte:

> Ex Evangelii solio Cherubinus Aquinas
> Vitalem ignito protegit ense cibum.

> Vom Throne des Evangeliums aus
> verteidigt der cherubinische Aquinate
> mit Flammenschwert die Lebensspeise.

Einer seiner Ehrentitel ist Doctor eucharisticus.

XVIII. KAPITEL

ROSTOCK
Altar um 1450

Die Cistercienserinnen-Klosterkirche zum Hl. Kreuz in Rostock hat einen grossen und sehr schönen Hochaltar, ein Pentaptychon aus der Zeit um 1450.

Der Altarschrein misst 340 cm in der Breite und 185 cm in der Höhe (ohne Bekrönung). Er zerfällt in die mittlere, die ganze Höhe einnehmende Nische der Kreuzigung und — links und rechts davon — in zwei Reihen kleinere Nischen mit Aposteln und Heiligen.

In geschlossenem Zustand zeigen die äusseren Flügel-Aussenseiten je eine grosse allegorische Darstellung. Links die thronende Maria mit dem Kinde, Joseph und die Hl. Katharina, Agnes und Barbara nebst vier symbolischen Tiergestalten[1]: Löwe, Pelican, Einhorn und Phoenix. Das Einhorn bedeutet Jungfräulichkeit, die anderen Tiere sind Symbole der Kraft, Liebe und Auferstehung. Auf dem rechten Flügel befindet sich ein Hostienmühlenbild.

Oben in diesem Bild sind — wie in Doberan — die anthropomorphen Symboltiere der Evangelisten oberhalb eines Cirkelbogens gezeigt.

Gottvater selbst wird hier nicht (so wenig wie in Doberan und Retschow) gezeigt. Aber wie Christus in Gott verborgen ist, so ist auch Gott in Christus verborgen; «Der Sohn ist im Vater und trägt in sich den Vater» (Irenäus: Adversus haereses 3, 6, 2). Der Vater offenbart sich im Sohne, und der Sohn vollendet sich im Vater. Betr. «deus absconditus» siehe auch S. 106.

Die Evangelisten — in ihren Symbolgestalten — leeren aus Krügen[2] ihre Schriftbänder in den Mühltrichter. Die Reihenfolge ist anders als in Doberan und Göttingen, nämlich: Lukas, Markus, Matthäus und Johannes. Auch die Bibelstellen sind anders:

Lukas: Missus est angelus gabriel (I, 26).
Markus: videns eos laborantes (VI, 48).
Matthäus: Cum introisset ihs i(n) capharnaum[3] (vgl. VIII, 5).
Johannes: In principio erat Verbum (I, 1).

Ein Schriftband läuft vom Trichter zur Mühle und von da hinunter gegen einen Kelch. Das Schriftband lautet: Ego sum panis viv(us), qui de celo descendi (Ioannes VI, 51). Links und rechts von der Mühle stehen die Jünger, sechs auf jeder Seite, und drehen die Mühle; links — ganz bei der Mühle — Petrus und an seiner Seite Paulus (?), bei der Mühle rechts Johannes.

Die Kirchenväter knien unterhalb der Mühle, hier in einer Reihe[4] und nicht wie in den übrigen Darstellungen — ausgenommen Tribsees — zwei und zwei einander gegenüber.

Die Bekleidung der Kirchenväter ist wie in Tribsees: Die beiden Bischöfe tragen Messgewänder (casulae), der Papst und der Kardinal Pluvialen. Augustinus und Ambrosius sind Krummstäbe beigegeben, Gregorius ein Kreuzstab. Der Hl. Gregorius und der Hl. Hieronymus heben den Kelch gegen das herunterkommende Spruchband. Im Kelch kniet das nimbierte Christuskind mit gefalteten Händen. Die Legenden der Kirchenväter lauten:

Augustinus: Sanguis christi ad conservationem eorum, qui dedicati sunt deo.[5]
Gregorius: Spiritualium bonorum distributionem (sic) participes nos fecit.[6]
Hieronymus: O satietas salutaris, quae quanto copiosius sumitur, tanto salubrius operatur.[7]
Ambrosius: Hic sanguis effusus lavit orbem et adibile fecit coelum.[8]

Der eucharistische Aspekt wird hier also hervorgehoben. Die Verkündigung ist in diesem Bild nicht gezeigt; die Menschwerdung ist aber — wie erwähnt — dafür im linken Flügel betont.

Alle Gestalten — ausser den Evangelisten — sind nimbiert, und es wurde versucht (und es ist ganz gut gelungen) den Personen individuelle Züge beizubringen.

Das Retabel ist höchstwahrscheinlich eine einheimische Arbeit.[9] Im Karthäuserkloster Marienehe bei Rostock wurde ein «moelenleed» gefunden. Es wurde zwar erst 1520 gedruckt, Hofmeister[10] glaubt indessen, dass es Anfangs des 15. Jahrhunderts entstanden ist.[11] Es könnte also hier einen gewissen Zusammenhang zwischen Lied und Bild geben.

In der Predella sind in sieben Nischen folgende Heilige dargestellt: Dorothea, Agnes, Katharina (v.A.), Anna (in der Mitte), Ursula, Barbara und Hedwig.

Ave, virgo, virga Iesse —
Ave, virgo, virga throni —
Virgo, virga tam fecunda —
(Grusshymne, 13. Jahrh.)

XIX. KAPITEL

PADUA
† Altar-Tafel (1466)

In der Basilica di Sant'Antonio — auch bloss Il Santo genannt — in Padua befindet sich die Corpus-Christi-Kapelle, einst eine Familien-Kapelle des Adelsgeschlechts de Lazara. Am 17. Oktober 1466 wurde ein Vertrag[1] zwischen dem edlen Bernardo de Lazara und dem Maler Pietro Calzetto abgeschlossen, wobei letzterer sich verpflichtete, u. a. eine bis zum Gewölbe reichende Altar-Tafel, nach einer dem Vertrag angehängten Skizze, gemäss einer Zeichnung von Niccolo Pizzolo[2], zu malen.

1474 waren die Arbeiten in der Kapelle vollendet, wurden aber leider 1532, durch heimlich eingedrungene Maurer und Steinmetzen, wieder völlig zerstört.[3] Auch die obengenannte grosse Tafel, die zu einem Heiligen-Blut-Altar gehörte, ist verlorengegangen. Wir haben nur noch eine Skizze, die in der Biblioteca Pubblica[4] in Padua zusammen mit einer Kopie des Vertrages aufbewahrt wird. Aber auch diese ist nicht die Original-Skizze, sondern eine Kopie aus der Zeit um 1800.[5]

Diese Skizze zeigt eine Hostienmühle. Ganz oben Gottvater in den Wolken, von Engelsköpfen umgeben. Von ihm aus gehen Strahlen senkrecht hinunter zur Bildmitte, wo Maria und der Erzengel Gabriel knien. Auf den Strahlen schwebt das Christuskind — auffällig gross und ein kleines Kreuz[6] tragend — der Verkündigungsgruppe zu; es ist nimbiert und hat seine Rechte zum Segen erhoben. Gottvater schaut in realistischer Weise dem Kinde nach. Das lebendige Wort ist Brücke zwischen Himmel und Erde, zwischen Gott und uns; in seinem Wort offenbart sich Gott an uns. Diese Darstellungsform (das herabschwebende Christuskind) bei der Verkündigung ist seit Anfang des 14. Jahrhunderts allgemein verbreitet[7]; Ps. LXXII, 6: «Er kommt hernieder wie Regen auf die Gefilde, wie strömender Regen, der tränket die Erde.»[8] Eine ältere Darstellungsform ist die herabschwebende Taube. Christus macht uns die Menschwerdung des Gotteswortes anschaulich. Er macht das Unsichtbare sichtbar. «Der Unbegreifliche wollte begriffen werden; der vor aller Zeit war, begann in der Zeit zu sein; der Herr des Alls umschattete seine unbegrenzte Majestät ohne Mass und nahm Knechtsgestalt an; Gott, der nicht leiden kann, hat es nicht verschmäht, ein Mensch zu sein, der leiden kann; und der Unsterbliche unterwarf sich dem Gesetz des Todes» (Papst Leo I. im Jahre 451 an das 4. ökumenische Koncil zu Chalcedon (ehemalige Stadt am Bosporus), auf dem das Dogma der Incarnation seine endgültige Formulierung erhielt. Das Dogma war gegen die Monophysiten gerichtet.) Oder: «Heute wird der Himmlische zugleich ein Irdischer, nicht dadurch, dass Er seine Gottheit verwandelt, sondern dadurch, dass Er bleibt, was Er war, und wird, was Er nicht war» (Abraham von Ephesus, Heiliger, Bischof um 550; Sermones). «Salve lux mundi, verbum Patris, hostia vera» lautet eine in Deutschland im 15. Jahrhundert bezeugte Messeanrufung.

Unmittelbar unter der Verkündigungsgruppe ist der Mühltrichter. Hier schütten aber nicht — wie üblicherweise — die anthropomorphen Evangelisten-Tiere Schriftbänder oder Korn in die Mühle, das mochte vielleicht den Paduanern zu drastisch erscheinen — auf jeden Fall begnügt sich der Künstler damit, die Köpfe der Symbolwesen an den vier Trichterwänden anzubringen. Diese Köpfe sind sehr plastisch modelliert; man sieht Mensch, Löwe und Stier, je mit einem Buch; der Löwe in der Mitte nimmt die «Stirnseite» ein.[9]

Scheinbar wird nichts in die Mühle hinabgelassen; Mariae Verkündigung auf dem Trichterrand und das herabschwebende Christuskind mit dem Kreuz gibt jedoch deutlich den Opfercharakter kund (wie z. B. in Eriskirch); es war ja auch eine Corpus-Christi-Kapelle. Unkonventionell ist die Verkündigungsgruppe — ganz abgesehen von ihrer Placierung auf dem Trichterrand. Der Verkündigungs-Engel hält weder einen Lilien- noch einen Olivenstab oder -zweig (vgl. S. 72), sondern (scheinbar) einen Palmenzweig, dessen Spitze sich gegen Maria neigt. In erster Linie ist dies eine Ankündigung des Sieges durch und über den Tod («Ich habe die Welt besiegt», Jo. XVI, 33); — dies entspricht auch dem Kreuz bei dem Christuskind. Darüber hinaus ist es sicher ein Hinweis auf Isaias (XI, 1): der Verkündigungs-Engel (Gabriel bedeutet: Mann Gottes[10]) hält der Virgo die Virga aus Jesse entgegen; solche Anspielungen waren — besonders seit dem Hl. Bernhard — beliebt. Siehe z. B. die Grusshymne am Anfang dieses Kapitels (13. Jahrh.).

Gabriel kommt von rechts; unter den Hostienmühlenbildern kommt das sonst nur in Tribsees (und im viel späteren Siezenheimerbild) vor; in der grossen Weltkunst ist eines der bekanntesten Beispiele der Isenheimer-Altar (1515), wo der Verkündigungsengel — wie ein gewaltiger Windstoss — von rechts in den Raum hineinweht.[11] Die linke Seite (die liturgisch rechte: die Evangelienseite) aber ist in der Symbolik die Seite des Inneren und Verborgenen, während die rechte das Äussere, das Sichtbare und die fassbare Welt darstellt. Gabriel kommt demnach meistens (besonders seit dem 6. Jahrhundert) von links, aus der — von den Menschen aus gesehen — verborgenen Welt Gottes in die sichtbare Welt hinein. Dort befindet sich Maria, der Inbegriff der Welt, der Erde, des Empfangenden. Der Engel kommt als Pneuma

XIX PADUA

— und Pneuma heisst (wie das hebr. Ruach) sowohl Wind wie Geist. Die Annunciatio gewinnt um 1475 ihre grösste Entfaltung in der Altarkunst.

Auch die übrigen Darstellungen sind «unkonventionell». Zwischen den beiden Mühlsteinen quellen Hostien hervor; sie fallen in einen riesigen Kasten unterhalb der Mühlsteine. Dieser Kasten wird von den vier Kirchenvätern getragen, einem an jeder Ecke; vorne Gregorius und Hieronymus. Wenn die Kirchenväter nicht unterhalb der Mühle knien, hängt es sicher damit zusammen, wie auch Hahnloser annimmt, dass der Künstler verpflichtet war — in der Hauptachse des Bildes — einen «Christo Passo» anzubringen. Vielleicht ist hier auch an einen tieferen Zusammenhang gedacht: Ich weise darauf hin, dass im Mittelalter manchmal drei Hostien bei der Altarweihe in das Sepulcrum hineingelegt wurden. Dieser Brauch ist schon im frühen 9. Jahrhundert bezeugt[12] — und dauerte bis in das späte Mittelalter. Ein Ordo[13] der Kirchweihe lautet: «... Deinde ponat tres portiones corporis Domini in confessione ...» Auch eine Pontificale[14] um 1455 aus dem nahegelegenen Bergamo bezeugt den Brauch von der Rekondition der drei Hostien.

Vor dem Kasten knien Andächtige, und auf den drei Seiten wimmelt es von Engeln, wovon viele Leidenswerkzeuge (insignia passionis, arma Christi) tragen.

Das «Passionsbild» direkt unterhalb der Mühle (wo sonst die Hostien herausquellen) wirkt hier als Fremdkörper. Zwar trägt es (vielleicht noch mehr als andere Teile des Gesamtbildes) die Züge des Rinascimentos; als Bildaddition aber (sogar mit eigenen Perspektiven) wirkt es als Fremdkörper, zerbricht die Einheit, zerstört die Gesamtkomposition — und ist dadurch im Princip unitalienisch. Das «Passionsbild» zeigt den toten Christus, von Engeln[15] gehalten, in einem Sarg — von übersteigerten Perspektiven — sitzend. Ich mache auf Mantegnas Engel-Pietà (in Statens Museum for Kunst, Kopenhagen (Sp. 69)) aufmerksam; die Übereinstimmung dieses Bildes mit der Passionsdarstellung im Paduaner Hostienmühlenbild ist auffallend. Man denke an die Improperien, die am Karfreitag in der Sixtinischen Kapelle gesungen wurden: «Popule meus, quid feci tibi, aut in quo contristavi te: responde mihi. Ego ante te aperui mare[16], et tu aperuisti lancea latus meum.» In einem alten, griechischen Kirchenlied der Kreuzadoration klingt es so: «Mit dem Speer haben sie, die Verbrecherischen, Deine Seite angestochen: Du aber öffnetest ihnen die Pforte des Paradieses ...» (Cod. Vatic. 771 Bl. 183 v). In der byzantinischen Liturgie (3. Teil: Eucharistische Synaxis) wird «das Lamm», das der Hostie in der römischen Liturgie entspricht, von einer (kleinen) Lance (logche) durchbohrt. «Das Lamm» trägt das Siegel (sfragis): IC XC NI KA (Jesus Christus siegt); das griechische Sigma wurde manchmal «C» geschrieben. Die Eucharistie ist die Anamese der Passion und die Anticipation des messianischen Mahles zugleich. Das Hostienmühlenbild ist deshalb nicht nur Erinnerungsbild, sondern auch Erwartungsbild.

Die Mühle wird von Wasser getrieben. Oben links im Bild strömt es aus Wolken (oder Felsen) über eine nackte Landschaft der Schleuse zu: zwei Propheten bahnen dem Fluss mit Hacken[17] den Weg. Die Schleuse wird von Petrus bedient; es ist zwar eine knabenhafte Gestalt, der Text aber lautet hier: «S. piero cò li apostolj.» Dies stimmt auch mit der Unterbringung des Petrus an der Schleuse in Bern überein; für die Apostel war im Paduaner Bild kein Platz. Das Wasser fällt auf das grosse Mühlrad.

Wir kennen sonst nur ein Hostienmühlenbild ausserhalb des deutschsprachigen Raumes.[18] Wie ist es hierher gekommen? Wie kam Niccolo Pizzolo zu diesem eigenartigen Motiv?

1431 geboren, wurde er schon 1448 beauftragt — zusammen mit u. a. Mantegna[19] — die eine Hälfte der Ovetari-Kapelle in der Eremitani-Kirche zu Padua auszumalen. Die andere Hälfte

XIX PADUA

wurde einem «Giovanni d'Allemagna» oder «Johannes Todeschus», also einem Deutschen, übertragen. Johannes starb schon 1450. Squarcione[20] und Pizzolo haben sich mit seinem Nachlass beschäftigen müssen. Übrigens war zu dieser Zeit eine Reihe von deutschen Malern in Padua beschäftigt[21], es war ja die Blütezeit der norditalienischen Malerkunst, und Pizzolo hatte ständig Verbindung mit diesen deutschen Künstlern. Es liegt nahe anzunehmen, dass er durch diese Kontakte das Mühlenthema kennengelernt hat.

Die Skizze wurde Calzetta 1466 von Meister Francesco Squarcione (1397—1468) ausgeliefert. Dieser Meister war für die junge Malergeneration ein sehr beliebter Lehrer — und zugleich eine Art Impresario für sie; er war eng mit Pizzolo verbunden und Pflegevater Mantegnas. Als Pizzolo im Jahre 1453 meuchlings getötet wurde, ist die Hostienmühlen-Skizze wahrscheinlich in den Besitz Squarciones gekommen, um also 13 Jahre später von ihm wieder ausgeliefert zu werden. Welche Änderungen von der Original-Zeichnung durch die Arbeits-Skizze bis zum fertigen Werk vorgenommen worden sind, wissen wir nicht.

Man darf sicher annehmen, dass der Maler[22] sich im Quattrocento-Italien, gegenüber den Vorlagen (und Traditionen), nicht so gebunden fühlte wie der Maler im transalpinen und noch gotischen Europa. Immerhin ist hier ein bedeutendes Beispiel für die «Leseart» dieser Bilder. Das Hauptthema spielt sich in der Mittelachse ab — und wird von oben nach unten «gelesen»: Gottvater im Himmel schickt uns sein ewiges Wort, seinen einzigen Sohn. Er kommt herunter zu uns in Menschengestalt, verkündet den Willen Gottes unter uns — und gibt seinen erlösenden Leib für uns hin. Die Engel am Sarg künden die Auferstehung für ihn an — und für alle, die an seinem Leib teilhaben.

Das ganze Bild ist eine erhabene Huldigung an unseren Erlöser, der — als mediator Dei et hominum (1. ad Tim., II, 5) — die Ewigkeit in unsere Zeit hineinstellt.

O esca viatorum,
O panis angelorum,
O manna caelitum![1]

XX. KAPITEL

ULM
Altar-Tafel um 1470

Im Ulmer Museum befinden sich die drei Teile eines kleinen Triptychons, dessen Hauptbild eine Hostienmühlen-Darstellung ist.

Die Mitteltafel[2] wird oben von einem Segmentbogen abgeschlossen und hat folgende Masse: grösste Höhe (Mitte) 133,5 cm, Höhe der Seiten 98,5 cm, Breite 154,5 cm. Sie scheint in der Höhe und Breite beschnitten zu sein, und der Rahmen ist erneuert worden.

Die Darstellung ist folgende: Die vier Evangelisten in Menschengestalt, aber mit Köpfen ihrer Symboltiere und mit Flügeln, schütten oben im Bild Korn aus ihren vier Säcken in einen Mühltrichter in der Mittelachse des Bildes. Die Reihenfolge der Evangelisten ist (von links nach rechts): Johannes, Matthäus, Lukas und Markus. Genau in der Bildmitte oben steht Maria — zwischen Matthäus und Lukas — und hilft dem letzteren[3], das Korn in die Mühle zu schütten; über ihr schwebt die weisse Taube des Heiligen Geistes[4].

Die Hl. Jungfrau trägt hier ein weisses Überkleid, vielleicht ein Hinweis auf die Alben, die die Nonnen im Mittelalter beim Hostienbacken trugen.[5]

Das Korn fällt in die Mühle hinunter und wird zwischen den Mühlsteinen zu Hostien gemahlen, die wiederum von der Mühle in einen Kelch fallen. Der Kelch, in welchem das kleine Christuskind kniet, wird von den vier abendländischen Kirchenvätern[6] gehalten; sie knien in ihren üblichen Ornaten unten in der Bildmitte.

Die Mühle wird von den zwölf Aposteln getrieben. Sie stehen — sechs an jeder Seite[7] — und drehen eine lange Kurbel; auf der linken Seite werden sie von Petrus angeführt — auf der rechten von Johannes(?). Die Zwölfboten tragen — wie die Evangelisten — geistliche Kleider; und alle Figuren auf dem Bild sind nimbiert. Der Hintergrund ist der mittelalterliche Goldbrokat. Die Bildkomposition ist zusammengedrängt und symmetrisch aufgebaut — wie in Metten, so dass ein Kreuz entsteht.

Die Tafel, die nur einseitig bemalt ist, kam 1899 in den Besitz des Museums; von ihrem früheren Schicksal weiss man nichts, abgesehen davon, dass sie am Ende des 16. Jahrhunderts übermalt worden ist. Dies wurde 1952 bei einer Restaurierung festgestellt; besonders waren die Gewänder der Kirchenväter mit reichem Brokat übermalt worden, wie man es auf älteren Abbildungen der Tafel sieht.[8] Das heute bestehende Bild hat man zu seinem ursprünglichen Aussehen zurückgeführt.

Die Flügel[9], die beidseitig bemalt sind, messen jetzt in der Höhe 124 cm und in der Breite 76 cm; das sind aber nicht die ursprünglichen Masse, sie sind — wie die Haupt-Tafel — beschnitten worden. Nachdem man sie viele Jahre auf dem Estrich im Pfarrhaus von Ertlingen[10] aufbewahrte, wurden sie 1971 ins Museum gebracht. Von ihrer Vorgeschichte weiss man ebenso wenig wie beim Mittelbild; dass sie aber mit dieser Haupt-Tafel zusammengehören, ist unverkennbar[11].

Geöffnet zeigen die Flügel links Ecce agnus dei[12] und rechts die Taufe Christi durch Johannes: Hic est filius (meus) dilec(tus)[13]. Geschlossen zeigen sie das Abendmahl (und die Fusswaschung).

Die Taufe ist die Einleitung zur eucharistischen Gemeinschaft. Im Abendmahlbild ist die intensive Gegenwart des Herrn in seinem Sakrament betont. Vielleicht ist deshalb die Kommunion nicht im

Hauptbild gezeigt; doch ist hier Korn und nicht Schriftbänder das Mahlgut, Hostien und nicht ein Schriftband das Mahlprodukt. Die Incarnation ist durch die Präsens Marias und der Taube angedeutet.

Es sei nur erwähnt, dass auf diesem Hostienmühlenbild — was ziemlich selten ist — beide Mühlsteine gezeigt sind. In mehreren älteren Mühlenliedern — so z. B. «Dat Mölenled»[14] — ist der untere Stein als der Alte Bund zu verstehen, der obere als der Neue. Zur Entstehungszeit dieses Bildes (um 1470) waren diese typologischen Gedanken doch etwas in den Hintergrund gerückt, so dass man nicht ohne weiteres annehmen darf, dass der geistige Vater des Bildes — oder der Maler — sich solche Gedanken gemacht haben könnte.

Das ganze Retabel ist mit Ölfarbe auf Holz gemalt, wohl um 1470 oder ein wenig später; es scheint mit seinen zurückhaltenden Gebärden (selbst in der Abendmahls-Scene), den Gesichtstypen[15] und den gedämpften Farben[16] schwäbischen Ursprungs zu sein. Der Künstler ist nicht bekannt, vielleicht aber war er einer der kleinen Nördlinger Meister, die unter Einfluss von Friedrich Herlin[17] standen; z. B. die Behandlung der Landschaften könnte dahin deuten[18]. Dies und die mehr handfeste — obgleich unsichere — Auffassung des Raumes künden die sich nähernde Renaissance an, obwohl der Himmel der Landschaften in den Fügelbildern und der ganze Hintergrund des Hauptbildes Goldgrund sind. Das Bild haftet doch im Mittelalter; und da (wie v. Simon sagt) hat es keinen Sinn, einen Unterschied von Natur und Übernatur zu machen: der Himmel war zugleich Raum der Gestirne — Kosmos in unserem Sinne — und Thronsaal des ewigen Lichtes.

XXI. KAPITEL

RETSCHOW
Altar-Tafel, letztes Drittel des 15. Jahrhunderts

Retschow ist ein Dorf in Mecklenburg, nicht weit von Doberan und Rostock; und es bestand eine enge Verbindung zwischen den drei Orten. Das Schloss und das Dorf gehörten seit 1358 dem Kloster in Doberan, und viele Einnahmen vom Dorf gingen an Scta. Maria in Rostock. Es ist deshalb nicht unbillig anzunehmen, dass das Hostienmühlenbild in Retschow unter dem Einfluss der zwei älteren steht.

Nicht zuletzt im nördlichsten Deutschland führten die Cistercienser eine grosse, praktische Missionsarbeit aus und gründeten hier u. a. die in diesem Traktat erwähnten Kirchen in Doberan, Rostock und Retschow. Sie entfachten in diesen Kolonisations-Gebieten das bernhardinische Feuer und waren zugleich «Missionare der Gotik». Die Kirche in Retschow ist ein gotischer Backsteinbau des 14. Jahrhunderts.

Der Altar, der aus dem letzten Drittel des 15. Jahrhunderts stammt, ist ein Pentaptychon, dessen äusserster rechter Flügel auf der Aussenseite ein grosses Hostienmühlenbild zeigt.

Wollen wir aber zunächst auf den Gesamtkontext des Altars, auf das ikonologische Programm als Ganzem schauen: Wenn die Innenflügel geöffnet sind, sieht man in dem geschnitzten Mittelschrein Mariae Krönung, flankiert in jedem Flügel von sechs — ebenso in Holz geschnitzten — Heiligen und Aposteln; Maria ist die Ordenspatronin der Cistercienser. Wenn das innere Flügelpaar geschlossen ist, kommen acht Scenen aus der Passion Christi zum Vorschein; schliesst man das äussere Flügelpaar, sieht man hier und auf zwei die Rückwand verlängernden Standflügeln (von links nach rechts): Die Hl. Sippe, die Verkündigung, die Hostienmühle und die Gregorsmesse.

Seit Mitte des 15. Jahrhunderts werden Goldgrund, Brokatmuster, Sternteppiche und dergleichen als Hintergrund mehr und mehr durch naturalistische Scenen verdrängt und (besonders) durch Landschaften — mehr oder weniger stilisiert — abgelöst. Hier ist der Hintergrund eine Phantasielandschaft mit Bäumen. Über dieser Landschaft schweben die vier geflügelten Symbolgestalten der Evangelisten in albaähnlichen Kleidern, und jeder hat eine kleine Wolke unter den Füssen. Aus weissen Säcken schütten sie ihre Schriftbänder in den Mühltrichter. Die Reihenfolge der Evangelisten ist wie jene in Doberan und Göttingen. Die Schriftbänder lauten wie am Franciscaner-Altar, jedoch wurde hier etwas mehr von den Bibelstellen genommen, und die richtigen Stellen sind hier bei Matthäus und Lukas genannt, sie sind somit nicht vertauscht wie dort. Ebenso wie hier lauten die Schriftbänder der Evangelisten in Tribsees und in Erfurt, obwohl die Reihenfolge derselben dort eine andere ist.

Auf beiden Seiten der Mühle stehen je sechs Jünger und drehen die Kurbel, links nächst der Mühle Petrus, zu seiner Rechten Johannes; rechts bei der Mühle Paulus. Die Spruchbänder der Zwölfboten sind — mit Ausnahme der zwei ersten — lesbar; sie lauten:

Videte verbum domini, quod est vita[1] (vgl. Ieremias II, 31).
Eruditus verbo reportat bona[2] (vgl. Proverbia XVI, 20).
Exemplum esto in verbo et doctrina[3] (vgl. 1. ad Thimotheum IV, 12).
Fons sapientiae verbum dei in gloria[4] (vgl. Ecclesiasticus I, 5).
Misit verbum et sanavit egrotos[5] (vgl. Psalmus CVI, 20).
Verbum breviatum perficit devotos[6] (vgl. ad Romanos IX, 28).
Sufferatis verbum solatii hilariter[7] (vgl. ad Hebraeos XIII, 22).

Loquimini verbum domini constanter[8] (vgl. Act. Apost. XXVI, 26).
Verbum dulce multiplicat amcios[9] (vgl. Ecclesiasticus VI, 5).
Ubi est verbum domini, quod congregat discipulos?[10] (vgl. Ieremias XVII, 15).

Zwischen dem Trichter und der Mühle kommt ein Stückchen Band zum Vorschein, es lautet: «(In principio) erat (verbum)»[11]. Von der Mühle abwärts gegen den Kelch setzt sich das Band mit folgenden Worten fort: «(e)t verbum caro fact(um) (est) (e)t h(ab)itavit i(n) (nobis)»[12].

Der Kelch, in welchem das kreuznimbierte Christuskind kniet, wird von den vier Kirchenvätern emporgehoben, um das Schriftband aufzufangen. Der Fussboden ist quadriert, und das Bild zeigt eine recht sichere Perspektive.[13] Das Bild ist typisch für die vereinzelte Form, die ich den Mettener-Typ nenne — und es ist zeitlich eines der letzten Bilder dieses Types. Es zeigt sich hier (verglichen mit Rostock — und besonders mit Doberan) eine deutliche Entwicklung von der ornamentalen und räumlich neutralen Flächenmalerei zur bewusst naturalistischen Darstellung.

Auch die Kirche in Retschow ist — wie die Cistercienserkirche in Rostock (und die Kirche in Eriskirch) — der Hl. Jungfrau geweiht. Sie nimmt den vornehmsten Platz am Altar (den Mittelschrein) ein und ist wohl eigentlich in allen vier Bildern implicit: Die Hl. Sippe und Die Verkündigung erzählen von der Menschwerdung Jesu durch Maria, Die Gregorsmesse[14] von dem ewigen Opfer ihres Sohnes im Altar-Sakrament und die Hostienmühle von ihrem Sohn als dem wahren Himmelsbrot[15].

XXII. KAPITEL

WORMS
† Altarbild

Ein nicht erhaltenes Hostienmühlenbild in der Martinskirche zu Worms kennen wir nur aus Beschreibungen.

Ein Engländer, Gilbert Burnet, der um 1685 den Wormsgau besuchte, bedauerte sehr, die Stadt Worms nicht besichtigen zu können, denn er hätte dort gern u. a. eine Kuriosität gesehen: «Ein Gemälde, das auf einem Altar der Papisten steht und von den Feinden der Transsubstantiation erfunden worden sein soll. Dieses Gemälde nun ist eine Windmühle, in welcher Maria steht und das Christkindlein in den Kasten wirft, von dannen dasselbe in kleine Stückchen Brot verwandelt von den Priestern herausgenommen und dem Volke ausgeteilt wird.»

Hier sieht man deutlich, wie wenig sich ein Mensch der Barockzeit in die symbolische Vorstellungswelt des gotischen Menschen einzuleben vermochte. Und Burnet war sogar Geistlicher.

Auch ein Franzose, Maximilian Misson, der Worms um dieselbe Zeit besuchte, berichtet in einem Brief von «einem sehr merkwürdigen Gemälde beim Eingang in die Martinskirche über einem tragbaren Altar». Weil es die einzige bekannte ausführliche Darstellung ist, gebe ich (in deutscher Übersetzung) die Beschreibung von dem Hostienmühlenbild in extenso wieder:

«Es ist auch noch ein sehr merkwürdiges Gemälde beim Eingang in die Martinskirche über einem tragbaren Altar. Das Bild ist ungefähr fünf Quadratfuss gross. Gottvater ist oben in der Ecke dargestellt, von wo er mit der Jungfrau Maria zu sprechen scheint.[1] Sie hält das Jesuskind bei den Füssen und steckt es mit dem Kopf zuerst in den Trichter[2] einer Mühle. Die zwölf Apostel drehen die Mühle durch die Kraft ihrer Arme mit einer Kurbel[3]. Dabei helfen ihnen jene vier Tiere des Ezechiel, von denen wir eben sprachen.[4] Sie arbeiten auf der anderen Seite. Der Papst kniet und empfängt Hostien, die ganz fertig in einen goldenen Becher fallen. Er überreicht eine davon einem Kardinal, der Kardinal gibt sie einem Bischof, der Bischof einem Priester, der Priester dem Volk.»

Eine ganz informative Beschreibung, obwohl er das Sujet nicht ganz verstanden hat.

Auch durch eine deutsche Aufzeichnung aus dem 17. Jahrhundert ist das Bild bezeugt: «Ein kurioses Bild ist über dem Eingang der St. Martinskirche». Dieses Dokument befand sich im Stadtarchiv zu Worms.

Das Bild hier scheint also das zweite gewesen zu sein, in welchem Maria selbst ihren Sohn in den Mühltrichter legt, von dem wir Kenntnis haben; das erste war in Eriskirch. Man vergleiche auch mit dem Ulmer-Retabel, in welchem derselbe Gedanke evtl. mitgespielt hat.[5]

> Accedit verbum ad elementum
> et fit sacramentum.
> (Augustinus: In Ioann. tract. 80, 3.)

XXIII. KAPITEL

TRIBSEES
Schnitz-Altar, 2. Viertel des 15. Jahrhunderts

Tribsees in Pommern ist eine kleine Stadt zwischen Rostock und Greifswald im Bezirk Rostock. Es sei noch erwähnt, dass die dortige Kirche früher eine Cistercienser-Kirche war, wie die drei mecklenburgischen Kirchen (Doberan, Rostock und Retschow), die Hostienmühlenbilder bergen. Das ist kein Zufall. Die Cistercienser hatten sich vorgenommen, Kolonial-Deutschland zu christianisieren — und sie placierten diese eindrucks- und sinnvolle Allegorie am betontesten Heiligtum der Kirche, am Altar.

Die dreischiffige, stattliche Hallenkirche in Backstein ist Sct. Thomas geweiht und stammt aus der ersten Hälfte des 14. Jahrhunderts. Diese gotische Kirche wurde 1861—1869 stark restauriert.

Hier befindet sich der einzig bekannte Altar mit einem geschnitzten Hostienmühlenbild als Hauptmotiv im Mittelschrein. Als ziemlich isoliertes Kunstwerk ist es recht schwer datierbar. Es wird jetzt von den meisten Kunsthistorikern[1] ins 2. Viertel des 15. Jahrhunderts eingestuft. Dies scheint mir recht einleuchtend, besonders im Hinblick auf den Schreinbaldachin; die Kommunikanten zuunterst im Bild scheinen jedoch für die Zeit recht lebhaft und persönlich charakterisiert zu sein — was übrigens das hic et nunc von den würdigeren (und grösseren) Apostelgestalten darüber sinnvoll trennt.

Nach Dehio[2] stammt der Altar aus einer Rostocker Werkstatt; er gibt aber keine Anhaltspunkte für diese Annahme — und auch anderswo sind keine Anhaltspunkte für diese Theorie vorhanden. Auf jeden Fall ist diese Arbeit zu dieser Zeit und an diesem Ort[3] ein Sonderfall — sowohl in Gestalt wie in ihrem umfassenden Inhalt. Es ist wohl nicht ausgeschlossen, dass sie von einem — aus südlicher Gegend — eingewanderten Künstler stammt.[4]

Der Schrein hat früher auf der Mensa des Hauptaltars gestanden. Nach dem grossen Brand in Tribsees am 18. September 1702 hat er mehrmals seinen Platz gewechselt; jetzt ist er an der Ostwand des Chores befestigt. Die Predella ist — wie es oft bei solchen Platzänderungen passierte — verlorengegangen; dennoch misst der Schrein in der Höhe 308 cm, davon der Aufsatz 96 cm; die Breite, einschliesslich der zwei Flügel, misst 550 cm.

Dieser schöne Hauptaltar ist durch Türmchen und Fialen in drei vertikale Abschnitte geteilt. Zuoberst in der Mitte, über den Wolken thronend, Gottvater, der seine segnende Rechte hebt; in seiner linken Hand hält er den kreuzgekrönten Reichsapfel; an beiden Seiten kniet ein anbetender Engel.

Vor dem 13. Jahrhundert hat man sich im Abendland weitgehend — aus dekalogischen Gründen — gescheut, Gottvater ikonografisch darzustellen (Ex. XX, 4 und XXXIII, 20). «Das Unendliche flieht die Erkenntnis» (Aristoteles), oder wie es in der Heiligen Schrift heisst: «Niemand hat je Gott gesehen» (Jo. I, 18)[5]. Um diese theologischen Probleme (vom «deus absconditus») in der bildenden Kunst zu lösen, hat man den präexistenten Christus als Eikon Gottes (Jo. XIV, 9; 2. Kor. IV, 4; Kol. I, 15; Hebr. I, 3) stellvertretend abgebildet — oder nur die göttliche Rechte (dextra Domini) wurde dargestellt. Seit der Gotik wird Gottvater als Brustbild oder in seiner ganzen anthropomorphen Person (oft als «antiquus dierum» nach Daniel VII, 9 seq.) gezeigt; aber der Schwerpunkt liegt noch auf seiner Rechten (von Meister

Bertam: Grabower Altar 1379 (Kunsthalle, Hamburg) bis in die italienische Renaissance hinein (Michelangelo: Erschaffung Adams 1509—1510 (Sixtinische Kapelle. Rom)). Die Wolken sind als Offenbarungsträger des Göttlichen zu verstehen (Ps. CIV, 3), sie sind das Mysterium der «abwesenden Gegenwart». Bei Hugo van der Goes' Portinari-Altar (um 1476, Uff., Florenz) ist das Christuskind auf eine Licht-Wolke gebettet.

Nun kommt etwas Einzigartiges unter den Hostienmühlenbildern: zuäusserst — zur Rechten Gottes — die Sonne, und (zuäusserst) zu seiner Linken der Mond, in Gold- bzw. Silberglanz. Sie sind in einem Mannes- bzw. Frauengesicht verkörpert.[6] (Bei Kreuzigungsbildern ist die Anwesenheit der Himmelskörper nicht selten; und traditionell sind dann Sonne und Mond an der liturgisch rechten und linken Seite des Heilands dargestellt.) Es gibt viele Interpretationsmöglichkeiten für diese Himmelskörper. Möglicherweise ist hier an den Kosmos oder an die Himmelskörper als Symbol der Unvergänglichkeit des messianischen Reiches gedacht. Vielleicht sind auch frühchristliche Gedanken (Origenes): Sonne (Christus) — Mond (Kirche) verkörpert. Das ganze ikonologische Programm macht es aber wahrscheinlicher, dass die Himmelskörper primär typologisch zu interpretieren sind — wenigstens scheint es mir sinnvoll, den Hauptaccent hierauf zu legen. Man könnte sich verschiedene typologische Aspekte vorstellen, besonders Ecclesia et Synagoga und Novum et Veterum Testamentum. Der Erste ist wohl hier weniger wahrscheinlich — der Letztere eher anzunehmen, wenn man die ganzen Gedanken des Werkes betrachtet. Sonne und Mond als Neues und Altes Testament kommen schon um 870 in einer Elfenbeinarbeit des Bamberger Domschatzes vor[7], ferner in einem Fenster aus dem 13. Jahrhundert in der Kathedrale Saint-Etienne zu Bourges[8] und in einer Miniatur der Herrad von Landsberg[9]. Solche Parallelgedanken (Mond/Sonne — Altes/Neues Testament) waren in der mittelalterlichen Mystik geläufig; Bertold von Regensburg (O.F.M., gestorben 1272) sagt, dass Gott den Menschen vier Bücher geschenkt habe: zwei für die gelehrten Priester (das Alte und das Neue Testament) und zwei für die Laien (die Nacht und den Tag); in diesen Büchern sollen beide Beschenkten mit Eifer zu Nutz und Frommen lesen. — Gleichzeitig könnten sich Sonne und Mond auf das Himmelreich in Ewigkeit beziehen («Leben wird Er durch alle Geschlechter, solange die Sonne scheint und leuchtet der Mond», Ps. LXXII, 5).

Im linken Teil des Schreines — wenig tiefer als die Wolken im Mittelteil — das Alte Testament, repräsentiert durch «os inferni», Adam und Eva nackt in dem Höllenrachen. Dieser Rachen ähnelt einem riesigen Fischrachen (vgl. Jon. II, 1-4). In der Romanik und Gotik ist die Nacktheit, wenn sie nicht thematisch bedingt ist (wie bei Ijob oder beim armen Lazarus) fast immer Zeichen der Sünde. Besonders seit dem 13. Jahrhundert treffen wir die Hölle als «os inferni» in der deutschen Kunst. Die biblische Begründung für den Höllenrachen ist in Nm. XVI, 28 seq. und Ib. XL, 13 seq. zu suchen. In dieser Tribseeser Darstellung ist aber sicher auch das künftige Heil verborgen: Adam und Eva sind mit gefalteten Händen gezeigt, anscheinend auf dem Weg aus dem Höllenrachen (als Erstlinge aus dem Limbus, von Christus befreit: «et habeo claves mortis, et inferni» (Apoc. I, 18); vgl. die Legenda aurea, das Nikodemus-Evangelium und Augustinus; vgl. auch die byzantinischen Anastasisbilder). «Glücklich Adam, der durch Christi Geburt die Herrlichkeit wiedergefunden, die er verloren hatte!» (Ephraem, der Syrer: Hymnus auf die Geburt Christi, 1). Nebenbei sei bemerkt, dass — nach der Legenda aurea — die Erschaffung wie auch der Fall Adams an einem Freitag (im März) um die sechste Stunde stattfand — so hat auch die Verkündigung und die Erhöhung[10] des zweiten Adams an einem Freitag[11] (im März) um die sechste Stunde stattgefunden (vgl. Lk. XXIII, 44-45 und Mt. XXVII, 45; siehe auch S. 46: «Gratiam tuam ...»).

Entsprechend Adam und Eva in dem Höllenrachen (an der linken Seite) ist an der rechten Seite das Neue Testament, repräsentiert durch Maria (die neue Eva)[12] in der Verkündigungs-Scene. Wenn der Engel hier nicht von links eintritt, hängt es wahrscheinlich mit der Zuwendung an die divinale Bildachse zusammen (siehe S. 114 und vgl. S. 93). Die kniende Jungfrau zeigt mit der einen Hand in das Buch (vielleicht auf Js. VII, 14)[13], mit der anderen grüsst sie und drückt Zustimmung aus («Ecce ancilla ...»). Als Antithese Adams, als der neue Adam, ist der menschgewordene Logos zu verstehen (Röm. V, 12-19; 1. Kor. XV. 21, 22 und 45). Er hat seine irdischen Wurzeln in Adam (77 Generationen zurück — nach Lk. III, 23-38). Adam wurde versucht und ist gefallen; Jesus, der auch versucht wurde, überwindet die Versuchung. Ich weise darauf hin, dass bei Lukas die Versuchungsgeschichte Jesu unmittelbar der Generations-Aufzählung (die mit Adam endet) folgt. Aus der Seitenwunde Adams entstand seine Braut, Eva; aus der Seitenwunde des neuen Adam entstand seine Braut, die Ecclesia. Dieses doppelte Brautverhältnis ist u. a. in einer Miniatur gezeigt (Handschrift «Emblemata biblica», Paris, Nationalbibliothek, Cod. fr. 11.560, fol. 186 v⁰); in dieser Miniatur ist ausserdem das tropologische Brautverhältnis (Christus-Seele) durch eine Tauf-Scene hinzugefügt. Eine ähnliche Darstellung enthält die sogenannte «Bible de Jeanne d'Evreux» in derselben Bibliothek; weiter eine Bible moralisée um 1240 (französisch) in Oxford, Bordeleian Library, Ms. 270 b, fol. 6 r — und eine Bible moralisée um 1250 (französisch, für König Ludwig IX. geschrieben), Wien (Nat. Bibl.), Cod. 1179, fol. 3 r.

Gerade unter dem Wolkenthron Gottes erblicken wir die vier Lebewesen[14], die Schriftbänder aus ihren Säcken in den Mühltrichter schütten:

Markus:	hic est filius (meus carissimus: audite illum) IX, 6.[15]
Matthäus:	q(uod enim) in ea na(tum est, de spiritu sancto est) I, 20.
Johannes:	i(n) principio era(t verbum) I, 1.
Lukas:	videa(mus hoc) verbum (quod factum est, quod Dominus ostendit nobis) II, 15.

Das Band, das durch die Mühle geht und in dem Kelch aufgefangen wird, verkündet: «Et Deus erat verbum» (Jo. I, 1) und «Et verbum caro factum est» (Jo. I, 14). Bemerkenswert ist die Übereinstimmung zwischen diesen Schriftbändern und jenen von Retschow, Göttingen und Erfurt. Dies zeigt, dass in diesen Beschriftungen ebensowenig eine Willkür herrschte, wie bei den Bildern selbst. Es hatte sich eine feste Überlieferung — man könnte fast eine Bildsyntax sagen — gebildet.

In dem Kelch — unmittelbar vor dem Kreuz des Triebrades — sitzt das Christuskind mit derselben segnenden Geste wie der Vater. Der Sohn ist ja auch Eikon des Vaters, sein fleischgewordenes Wort, panis coelestis und centrum mundi[16]. Er ist das incarnierte Wort und das geistige Brot.[17] Augustini Worte (siehe oben) «Accedit verbum ad elementum et fit sacramentum» beziehen sich auf das mysterium fidei, die Eucharistie und die Taufe (vgl. auch Irenäus: Adversus haereses 5, 2, 3); die ganze mittelalterliche Sakralkunst ist eine Wiederspiegelung dieses augustinischen Diktums. Im Sakrament gipfelt die Rekapitulation der Schöpfung (Irenäus brauchte mit Vorliebe den Ausdruck Rekapitulation).

Das Mysterium der Wandlung vollzieht sich in dem Altar-Sakrament und in denen, die an dem Mahl teilnehmen. Durch den Kult wird für renovatio mundi gesorgt, denn Wort und Brot — als Sakrament — sind wirkmächtige Zeichen; gleiches bezeugt die scholastische Aussage: significando causant — sie bewirken, was sie zeichenhaft darstellen: sie sind schöpfend. Suger sagt: «Quae sacramentale sanctissimi Chrismatis delibutione et sanctissimae Eucharistiae susceptione materialia immaterialibus, corporalia spiritualibus, humana divinis uniformiter concopulas sacramentaliter reformas ad suum puriores principium; his et hujusmodi benedictionibus visibilibus invisibiliter restauras, etiam praesentem in regnum coelestem mirabiliter transformas.» (Libellus de consecratione ecclesiae Sancti Dionysii VII): Bei dem sakramentalen Benetzen mit dem allerheiligsten Salböl und beim Empfang der allerheiligsten Eucharistie fügst Du das Materielle mit dem Immateriellen, das Körperliche mit dem Geistigen, das Menschliche mit dem Göttlichen zu einer Einheit zusammen und führst durch das Sakrament die Reineren zu ihrem Ursprung zurück. Durch diese und ähnliche sichtbare Segenszeichen erneuerst Du unsichtbar das Gegenwärtige und verwandelst es wunderbar in das Himmelreich.

Die Mühle wird hier — unter Beihilfe der Zwölfboten — von den Paradiesflüssen[18] getrieben. Es wird so geschildert: Im linken und rechten Abschnitt des Retabels stehen je sechs Apostel in zwei Dreiergruppen; jede von diesen — insgesamt vier — Gruppen hebt gemeinsam ihre Schleuse; von jeder Schleuse quellen drei Ströme hervor. Die Mühle wird also von zwölf Strömen aus vier Flüssen getrieben. Tertullianus sagt in «adversus Marcionem»: «Aus der vierfachen Quelle fliesst Seine Lehre durch das apostolische Wort der Zwölf»; es ist aber auch eine «typologische» Anspielung auf die zwölf Propheten und die vier Himmelsrichtungen (die kosmische Ganzheit).[19] — Dieses Bild ist formal gewissermassen ein Zwischentyp zwischen Bern und Metten.

Der Strom, der aus der Seitenwunde Christi fliesst (Jo. XIX, 34), ist zugleich Pneuma und Inbegriff der neutestamentlichen Offenbarung; dieser Strom gleicht den vier Flüssen der Evangelisten (aqua coelestis doctrinae et gratiae)[20], die in alle vier Ecken der Welt vordringen werden. Aus diesem Strom von Wasser und Blut (1. Joh. V, 6), aus dem venter Christi (Jo. VII, 38) ist die

Kirche geboren, in der das Mysterium seines Leidens fortgesetzt wird in der Taufe und in der Eucharistie (vgl. Augustinus: «De isto latere facta est ecclesia, quae nos pariendo vivificaret»; Patr. Lat. XXXVIII, 474). «... Cuius latus perforatum/Unda fluxit et sanguine; ...» aus «Ave verum corpus ...», ein Reimgebet vom Ende des 13. Jahrhunderts.

Fontis designat Salvator iure figuram
De quo quadrifluis decurrunt flumina rivis.

(Sct. Aldhelmus, Bischof von Sherborne (England), gest. in Doulting (Sommerset, England) am 25. Mai 709. Patr. Lat. LXXXIX, 295):

Er, der Erlöser, heisset mit Recht das Urbild der Quelle:
Bäche rinnen aus ihr, die vierfach strömenden Wasser.

Und nicht allein ist Er Urbild der Quelle, sondern auch — im mystischen Sinne — Urbild des Wortes und der Sonne. Meister Eckhart — inspiriert vom Hl. Augustinus — lässt Christus von sich sagen: «Ich bin gekommen als ein Wort von dem Herzen, das daraus gesprochen ist; ich bin gekommen als ein Schein von der Sonne; ich bin gekommen als eine Hitze von dem Feuer; ich bin gekommen als ein Ruch von der Blume; ich bin gekommen als ein Fluss eines ewigen Gespringes.»

Unter der Mühle — als Repräsentanten der Kirche — sehen wir Augustinus, Gregorius, Hieronymus und Ambrosius. Der Papst und der Kardinal knien in der Mitte, indem sie den Kelch halten; links und rechts von ihnen stehen die zwei Bischöfe mit ihren Händen im Redegestus. Die Kirchenväter — alle gekleidet wie in Rostock — haben dieselbe Grösse wie die Evangelisten und die Apostel. (Wenn Hieronymus als Kardinal bezeichnet wird, ist es, weil ihn die mittelalterliche Legende, wegen seiner engen Beziehung zu Papst Damasus I., der ihm den Auftrag zur Bibelübersetzung (Vulgata) erteilte, zum Kardinal machte. Der rote Kardinalshut wurde von Papst Innocent IV. im Jahre 1245 eingeführt; seit dem 15. Jahrhundert treffen wir in der deutschen Kunst den Heiligen mit dem Kardinalshut.)

Die Schriftbänder der vier Kirchenväter lauten fast wie jene in Erfurt. (Ich weise auf die dort stehenden Texte (S. 118 seq.) und Kommentare hin, obwohl die Texte da nicht ganz gleich sind.)

Augustinus super Ioannem:
> Aliud est verbum Dei hominus caro factum est, id est homo; non itaque alia Dei, alia hominis persona.

Gregorius mag.:
> Christus angelo annunciante et Spiritu sancto adveniente et Maria an(n)uente, mox intra uterum verbum et caro.

Iheronimus:
> Nos itaque dicemus hominem passibilem a Dei filio susceptum ut dicas m(ors) passi permane(a)t.

Ambrosius:
> Verbum est Deus, non assumpta caro; aliud est enim, quod assumpsit, aliud, quod assumptum est, et cetera propter implere.

Auf beiden Seiten der Kirchenväter — also in den beiden unteren Seitentafeln im Hauptschrein — wird kommuniziert: Auf der Evangelienseite bietet ein Priester einigen Geistlichen den Kelch an mit der Spendeformel: «Sanguis Jesu Christi pro ...[21] te in vitam aeter(nam).» Der Kommunikant antwortet: «Calicem (salutaris acci)piam et nomen Domini invo(ca)bo.»[22] Hinter dem Kommunikanten stehen drei weitere Geistliche, der eine mit dem Kardinals-Hermelin bekleidet; hinter ihm ein junger Geistlicher, der, bis er an der Reihe ist, in seinem Brevier liest. Die Innigkeit und Ergebung, die sich in seinem Gesicht und in seiner Haltung spiegelt, ist für diese Gegend und diese Zeit ganz ungewöhnlich. Auf der Epistelseite wird die Hostie von einem Bischof den Weltlichen gereicht. Ein Kaiser, als Vertreter seines Volkes, kniet vor dem Bischof, der eine Patene in seinen Händen hält. In diesem heiligen Augenblick der Kommunion hebt einer vom kaiserlichen Gefolge die Krone vom Haupt des Kaisers: der Kaiser legt seine Krone nieder — und empfängt eine noch köstlichere Krone.[23] Der Bischof spricht: «(Aser pinguis panis eius) et praebebit delicias regibus.»[24] Der Kaiser antwortet mit den Worten des Kommunionempfanges: «D(omi)ne n(on) su(m) dignus ut intres su(b) tectum m(eum) ...»[25] Hier wird es deutlich, wie eng die Kunst sich der Mess-Liturgie anschliesst.

Die Haltung der geistlichen Kommunizierenden ist würdig und erhaben — und die der weltlichen von einer unmittelbaren Hingabe durchdrungen. Die Gedanken der spätmittelalterlichen Mystik von der Kommunion als Christi Geburt in der Seele kommt hier auf schönste Weise zum Ausdruck; das Bild verkörpert in aussergewöhnlichem Masse beseelte Teilnahme an dem Heilsmysterium. Die Kommunikanten nehmen, die Eucharistie feiernd, am himmlischen Gottesdienst teil.

Die absolute, vertikale Mittelachse bilden Gottvater, die Mühle und das Christuskind im Kelch, und zwar jede Gestalt im absoluten Mittelpunkt seines Feldes. Alle Personen[26] — ja sogar die Paradiesströme — wenden sich diesem axis divinus zu. Die 3×3 Felder können von oben nach unten so gelesen werden:

> Gottvater zwischen «limbus patrum» und «ianua coeli».
> Das Wort Gottes unter den Glaubensboten.
> Die Kirche unter den Gläubigen.

Die beiden Flügel des Triptychons enthalten Scenen aus der Passion bis zur Auferstehung des Herrn.

In diesem Retabel ist die ganze Heilsgeschichte komprimiert — es fasst alles zusammen, was zwischen Alpha und Omega liegt.

Die Polychromierung des Retabels war sehr reich — viel Gold und Silber wurde dazu gebraucht. Die Gewänder waren weitgehend gemustert. Im Jahre 1858 wurde das Retabel restauriert und neu polychromiert.[27] Über dem Schrein und über den beiden Flügeln befindet sich ein Aufsatz, der aus 12 — mit Brustbildern der Propheten geschmückten — Giebeln besteht. Zwischen je zwei Giebeln erhebt sich eine Fiale von 96 cm. Dieser Giebel-Aufsatz scheint etwas älter als das Retabel zu sein; er war ziemlich beschädigt und wurde bei der Restaurierung 1858—1859 durch viel Neugeschaffenes ergänzt. Die zwölf Propheten mit Schriftbändern sind auf blauem Hintergrund dargestellt.

Die zwei Flügel[28] sind auf den Innenseiten durch je zwei sich kreuzende Linien in vier gleiche Flächen geteilt — und enthalten acht Passionsbilder: Christus am Ölberg, Verrat des Judas, der Heiland vor Pontius Pilatus, Christus an der Martersäule — Dornenkrönung, Kreuztragung, Kreuzigung und Auferstehung. Die Bilder auf den Aussenseiten der Flügel sind völlig zerstört.

Wie bei den meisten gotischen Altären stehen die Darstellungen der Flügel in einem ikonologischen Zusammenhang mit denen des Mittelschreins. Es ist deshalb anzunehmen, dass man hier im Hauptbild dem Erlösungs-Gedanken eine grosse Bedeutung zugemessen hat — vgl. auch die Schriftbänder der Kirchenväter. Der Eucharistie-Aspekt ist jedoch auch stark betont durch die ausführliche (und beschriftete) Kommunion-Scene.

Aber auch die Beziehung zwischen Altem und Neuem Testament kommt hier deutlich zum Ausdruck: in Sonne und Mond, in «os inferni» und Verkündigung. Etwas Ähnliches — aber mit einem anderen Accent — kommt in Sct. Vincent zu Bern (und in Beinstein) vor[29]; sonst ist ein so ausgedehntes Koncept in den spätgotischen Mühlenbildern unbekannt — in den früheren Bildern sind die Concordia-Gedanken vorherrschend.[30]

Auch in der Antriebsweise der Mühlen ähneln sich die Darstellungen in Tribsees und Bern. Im ersten Fall wird das Rad durch Wasser mit Hilfe der Apostel als Schleusenmeister gedreht, im letzteren ist der Apostelfürst, als Vertreter des Apostelkollegiums, Schleusenmeister.

Dieser einmalige Schnitzaltar vereinigt in sich in ausgewogener Weise Architektur, Skulptur und Malerei.

Im Schrein, also im Centrum, wird die ganze Bedeutung des Altars, wie eine Art Schlussresümee, offenkundig. Man kann den Sinn des Altarwerks nicht besser ausdrücken als Münzenberger, der ungefähr so sagt: Gott sendet Seinen eingeborenen Sohn vom Himmel herab, der infolge des Gehorsams der zweiten Eva die menschliche Natur annimmt, um den Fluch, der durch die ersten Eltern auf uns gekommen ist, zu tilgen. Als Kind kommt Er zu uns, leidet und stirbt für uns; das ist das Evangelium, die frohe Botschaft vom Heil in Christus. Sowie aber durch die Mühle das natürliche Korn uns zu Nahrung zubereitet wird, so wird der menschgewordene Heiland durch die Allmacht Gottes im Abendmahl — zur Vollendung jener Heilsbotschaft — uns zur Speise und zum Tranke für das ewige Leben.[31]

In diesem Bild drückt sich in erhabenster Weise die Theologie der christlichen Kunst aus — es ist eine Summa theologica.

Die Kunst ist — wie Dante sagte — ein Enkelkind Gottes.

Das Auge, mit dem ich Gott sehe,
ist dasselbe, mit dem Gott mich sieht.[1]

XXIV. KAPITEL

ERFURT
Tafelbild 1534

In der Hauptstadt Thüringens, in Erfurt, wurde im 14. Jahrhundert ein prächtiger Dom gebaut. An einer seiner Säulen hängt eine grosse, eigentümliche Tafel aus Holz. Sie misst 180 cm in der Höhe und 170 cm in der Breite und folgt der Rundung der Säule. Das Bild, das eine Hostienmühle zeigt, wurde im Jahre 1534 gemalt.[2]

Zuoberst in der Mitte — auf einem Hintergrund von grossen, naturalistischen Wolken — sieht man Gottvater mit dem Reichsapfel in seiner Linken; seine rechte Hand ist segnend gegen Maria erhoben. Sie kniet an der rechten Seite des Bildes, ein wenig unterhalb der Wolken in einer Felsenlandschaft mit einem Baum[3] im Hintergrund. Eine Taube schwebt ihr vom Vater entgegen; sie hält ein aufgeschlagenes Buch in den Händen. Ihr gegenüber steht der geflügelte Gabriel mit einem Spruchband: «Ave gratia plena»[4] — und Maria antwortet: «Ecce ancilla d(omi)ni, fiat mihi s(e)c(un)d(u)m v(erbu)m t(u)um»[5]. Vor ihm eine kleine Burg (die Himmelsburg?).

Die Evangelisten sind hier nicht — wie jene auf den früheren Bildern — anthropomorph dargestellt, sondern sind reine geflügelte Symbolwesen. Die Reihenfolge ist: Matthäus, Johannes, Lukas und Markus. Sie stehen auf dem Mühlkasten, indem sie mit lebhaften Bewegungen Schriftbänder in den Trichter schütten; die Bänder lauten wie jene in Retschow, Göttingen und Tribsees.

Zwischen Trichter und Mühle kommt ein Band zum Vorschein: «et deus erat v(erbu)m»[6]; und danach — nachdem das Band durch die Mühle gelaufen ist — windet es sich hinunter zum Kelch mit den Worten: «Et verbu(m) caro f(a)ct(u)m est».[7] Genau zwischen den Worten «verbum» und «caro» sieht man den Kopf des Christuskindes, das unmittelbar unterhalb des Schriftbandes in dem Kelch kniet.

Die Mühle wird durch eine grosse Kurbel von je sechs Jüngern auf beiden Seiten gedreht. Auf der linken Seite — nächst der Mühle — steht Petrus und hinter ihm Johannes; gegenüber (auf der rechten Seite) Andreas.[8] Die Spruchbänder der Apostel tragen die Namen von jedem einzelnen, und ihre Texte schliessen sich eng den entsprechenden in Retschow an.

Unten stehen die vier Kirchenväter in brokatgeschmückten Gewändern[9] und fangen das Schriftband von der Mühle in einem Kelch[10] auf. In diesem kniet das kleine Jesus-Kind, seine Rechte ist in Segensgeste leicht erhoben. Das Kind hat als Nimbierung ein Strahlenkreuz, Gott und Maria einen Nimbus (der des Vaters mit Strahlen); die übrigen Gestalten sind unnimbiert. Alle Gesichter sind charakterisiert, es sind nicht mehr bloss Typen. Hieronymus wird — was aussergewöhnlich ist unter den Hostienmühlenbildern — mit einem (weissen) Bart gezeigt. Gregorius trägt den baculus pontificalis, Hieronymus den baculus patriarcalis (der Stab ist vom Spruchband halb verdeckt und könnte ein tau episcopalis sein); Augustinus trägt den baculus episcopalis, und der Stab von Ambrosius (wahrscheinlich auch ein baculus episcopalis) ist völlig verdeckt.

Jeder der vier Kirchenväter hat ein Spruchband:

Gregorius XVIII moral:
    Angelo nunctiante et spiritu sancto adveniente mox verbum in utroque intrat uterum verbum et caro.[11]

Mit der Botschaft des Engels und der Ankunft des Heiligen Geistes dringt das Wort sogleich beiderweise in den Mutterleib ein, als Wort und Fleisch.

Iheronimus

Nos itaque docemus hominem passibilem a dei filio susceptum, ut de(i)tas impassibilis permaneat.

Wir lehren daher, dass der leidensfähige Mensch vom Gottessohn angenommen worden ist, damit die Gottheit in ihrer Leidensunfähigkeit bleibe.

Ambrosius:

Verbum est deus, non assumpta caro, aliud enim, quod assumpsit, aliud, quod assumptum est.[12]

Das Wort ist Gott, nicht das angenommene Fleisch; eines ist nämlich, was angenommen hat, etwas anderes, was angenommen worden ist.

Augustinus super Ioannem:

Aliud est verbum dei, aliud homo, sed verbum caro factum est; idem homo vero itaque alia verbi alia hominis persona.[13]

Das Wort Gottes ist verschieden vom Menschen, doch das Wort ist Fleisch geworden; derselbe Mensch aber ist daher einerseits Person des Wortes, anderseits Person des Menschen.

Hier wird also der Logos-Aspekt in den Vordergrund gestellt. In der linken unteren Bildecke, hinter Gregorius und Hieronymus, steht[14], in kleiner Gestalt und geistlicher Tracht (Domherr?), der Stifter, ein malteserähnliches Kreuz tragend.

Das Stilgefühl einer späteren Zeit spricht sich in diesem Bilde deutlich aus.[15] Auch in der geistigen Haltung spürt man einen Wandel, und hier ist das Stifterbild nicht in dem Masse der Bedeutungsperspektive unterworfen wie z. B. in Doberan.

XXV. KAPITEL

GLEINIG
† Tafelbild 2. Hälfte des 16. Jahrhunderts

Die katholische Pfarrkirche Sct. Martin zu Gleinig, Niederschlesien, wurde erstmals 1376 erwähnt und im 15. Jahrhundert durch einen neuen Bau ersetzt. Er ist 1887 untersucht worden. Es werden vier Tafelbilder — in Öl auf Holz — aus der 2. Hälfte des 16. Jahrhunderts erwähnt. Sie werden als unbedeutend charakterisiert.[1]

Eines von ihnen war ein Hostienmühlenbild.[2] Dr. Josef Giesen, Köln[3], bezeichnet es kurz als ein Deckengemälde; dafür habe ich keine Anhaltspunkte.

Das Bild fiel 1899 einem Brand zum Opfer, und bis jetzt ist keine Beschreibung oder Abbildung bekannt.

Wo immer Gott gesucht wird
mit dem Geist und im Gemüt,
da wird Gott gefunden.
(Meister Eckhart)

XXVI. KAPITEL

TAMSWEG
Glasgemälde 1434

Hoch auf einem bewaldeten Vorgebirge des Schwarzenbergs thront die Wallfahrtskirche Sct. Leonard[1] über dem Städtchen Tamsweg im Lungau (Erzdiöcese Salzburg). Die heutige, gotische Kirche, ein Meisterwerk deutscher Baukunst[2], wurde am 20. September 1433 konsekriert und stand an dritter Stelle unter den Wallfahrtskirchen (nach Mariazell und Sct. Wolfgang) im österreichischen Raum. Das alte Bruderschaftsbuch enthält Namen von 4740 Persönlichkeiten, darunter Kaiser Friedrich III.

In der Florianskapelle an der Südseite der Kirche finden wir ein Hostienmühlenfenster. Es ist in 3×3 grosse Fensterscheiben eingeteilt und gekrönt von einem Masswerk, bestehend aus drei Nonnen, darüber zwei Fichblasen und zuoberst einem Zwickel. Das Fenster wurde dreimal restauriert: das erste Mal 1885 nach einem Blitzschlag; am Anfang dieses Jahrhunderts das zweite Mal; die dritte Restauration erfolgte im Jahre 1958. Trotzdem ist das Fenster weitgehend original.

Wenn man sich fragen würde, warum das Hostienmühlenbild nicht in Verbindung mit dem Haupt-Altar oder dem Altar der Sakramentsbruderschaft gebracht wurde (vgl. Bern), lautet die Antwort sicher, dass man hier keinem liturgischen Schema gefolgt ist, weil die Fenster Stiftungen eines breiten Personenkreises waren, und die Entstehungs-Zeiten sich zu sehr differenzierten; deshalb war es nicht möglich ein einheitliches theologisches Programm zu schaffen.

Als eine Art Einführung in das Thema kniet in jeder der zwei seitlichen Nonnen ein Engel vor zwei überdimensionalen Mühlsteinen. In der mittleren Nonne stehen die anthropomorphen Evangelistensymbole — wie es im süddeutschen Raum üblich ist — dicht um den Trichter und entleeren ihre Säcke. Was sie hineinschütten, ist nicht sichtbar, und auch beim Ausgang der Mühle sieht man das Mahlprodukt nicht; das Christuskind aber kniet darunter im Kelch. Er — der Mittelpunkt im Bilde — ist die Lösung aller Fragen, die Erlösung.

Die Mühle wird von den Zwölfboten getrieben; sechs auf jeder Seite drehen die grosse Kurbel. Die Apostel sind mit Namensbändern versehen (auf der linken Seite zwar nur fünf).

Unter der Mühle knien die Kirchenväter — auch mit Namensbändern versehen — und fangen das Christuskind im Kelch auf. Links davon wird die Hl. Messe celebriert; rechts davon kniet die ganze Welt, repräsentiert durch Regenten, Geistliche und Volk.

Darunter — in der untersten Reihe — zwei Stifterbilder und ein Wappenschild. In dem ersten (linken) Stifterbild sitzt — ein wenig nach rechts gedreht — Maria mit dem Kind in einem kreuzgewölbten Saal. Sie ist von einem weiten, blauen Mantel umhüllt. Das nächste Bild zeigt denselben Saal spiegelverkehrt; hier kniet — gegen links — der jugendliche Stifter in roter Pelzverbrämung und mit Spruchband: «ora pro me mater misericordi(ae)»;[3] er wird von dem Hl. Leonhard empfohlen, der hinter ihm steht, gekennzeichnet durch sein Attribut, die Kette. Das letzte Bild ist das Wappenschild; es trägt die Beschriftung: «Anno Do(min)i milesimo cccc 38 conrad keczleer (oder heltzlerr: Konrad II. Hölzler, Ratsherr zu Wien). Diese Scheibe scheint mir mit Bezug auf Farbe, Stil und Technik zu den eigentlichen Hostienmühlenscheiben zu gehören, die dann mit 1434 datierbar wären. Dagegen kommen mir die zwei Stifterscheiben etwas jünger vor, besonders wenn man nach Architektur und Kleiderfalten beurteilt; auch die Farben weichen von den übrigen Scheiben ab.

Die Verkündigungs-Scene fehlt (dafür ist die Muttergottes in einer der Stifterscheiben gezeigt). Es scheint in diesem Fenster — mit der Hl. Messe und dem knienden Volk (in derselben Grösse wie die Apostel) — der Schwerpunkt auf die Eucharistie gelegt zu sein.

Obwohl man heute nicht mehr als die in diesem Traktat erwähnten 24 Hostienmühlenbilder kennt, waren zweifellos im 15. Jahrhundert viele vorhanden. Sie sind im Laufe der Zeit zugrunde gegangen oder — weil sie nicht länger dem Zeitgeist entsprachen und/oder nicht mehr verstanden wurden — entfernt worden. Es ist bemerkenswert, dass keine Altartafel mit Hostienmühlenmotiv im süddeutschen Raum — Ulm ausgenommen — bis in unsere Zeit geblieben ist; auch wurde uns kein Glasfenster mit demselben Motiv im norddeutschen Raum überliefert.

Im 15. Jahrhundert sind sicher Dutzende über Dutzende von Hostienmühlenbildern geschaffen worden, immer dieselben Gestalten und immer dieselben Vorgänge. Es ging ja dem Künstler nicht darum «originell» zu sein, sondern unter der Devise «Soli Deo gloria» arbeiten zu dürfen — also hinter dem Werk zu stehen —, ganz abgesehen davon, dass zu verschiedenen Zeiten und in verschiedenen Orten die Sakralkunst einem ziemlich strengen Schema unterworfen war. Dennoch haben es die mittelalterlichen Meister verstanden, ihren Werken immer wieder neue Ausdruckskraft zu verleihen — ohne das übergeordnete Ziel (Gottes Heilsplan zu bestätigen) aus den Augen zu verlieren. Schauen wir uns das Hostienmühlenfenster nochmals an:

Die eigentliche Hostienmühlen-Darstellung bildet — wie üblich — ein Kreuz, denn alles ist erschaffen «im Namen dessen, der am Kreuz verblich». Im Schnittpunkt des Kreuzes das Mühlrad, oben und unten das Mahlgut bzw. Mahlprodukt; zu beiden Seiten die Mühlkurbel mit den Aposteln.

Die vier — das Mühlrad umgebenden — Felder sind ganz ausgefüllt; hier ist ein Gedränge von Gestalten, die den Hintergrund verdecken. Die Farben sind «schwer» und satt. Die Personen wenden sich alle dem Mittelfeld zu; dies wird besonders unterstrichen durch die zwei Säulen ganz links und ganz rechts (hinter den Aposteln).

Aber hier in der Mittelscheibe, in der Kreuzmitte, in dem geistigen Centrum und Schwerpunkt, wo sich die Wandlung vollzieht — da ist kein Gedränge, da leuchten die goldenen und hellbraunen Farben fast wie in einem Aquarell; das Auge wird vom himmlischen Licht angezogen.[4]

Das Bild zeigt in einem Raum[5] ein goldenes Mühlrad. Dieser Raum ist klein, fast wie ein Erker, und doch scheint es, als ob man durch die hellen Fenster (je von einem goldenen Kreuz geteilt) in das Unendliche schauen könnte. Sie öffnen den Blick ins Transcendente; unsere rationalistische Haltung lässt sich nicht auf das Mittelalter anwenden — die Welt ist Metapher. Das Mysterium ist eine Offenbarung in Verhüllung nach dem Urbild des Christus-Mysteriums; es ist das Reich Gottes, wie es sich uns in verhüllenden Zeichen — wie im Bild und in der Hostie — offenbart.

> O salutaris Hostia
> Quae coeli pandis ostium
> Bella premunt hostilia:
> Da robur, fer auxilium![6]

> O heilbringende Hostie,
> die Du das Tor des Himmels weit öffnest,
> während feindliche Kriege uns bedrängen:
> Gib uns Kraft, bring uns Hilfe!

Quid luce pulchrius, quae cum
colorem in se non habeat,
omnium tamen colores rerum
ipsa quodammodo illuminando colorat?
(Hugo von Saint-Victor)[1]

XXVII. KAPITEL

BERN
Glasgemälde um 1450

Sct. Vincent[2] zu Bern, das heutige Berner-Münster[3], verdankt seine Entstehung weitgehend den Berner Bürgern und der Berner Obrigkeit, was oft in den einzelnen Kunstobjekten und -formen zum Ausdruck kommt.

Am Nordpfeiler des Altarraums wurde das Sakramentshaus errichtet. Westlich davon befindet sich das Hostienmühlenfenster, wohl das grossartigste und ausführlichste Hostienmühlenbild, das uns überliefert worden ist. Es ist eingehend und gewissenhaft beschrieben worden, besonders bei Mojon und Hahnloser[4].

Mit der für das 15. Jahrhundert typischen Breite steigt das Fenster organisch aus der Sockelwand (Mojon). Es misst 292 cm in der Breite und 1315 cm in der Höhe und ist durch ein schweres Gesims (ähnlich wie im Ulmer-Müster) in eine untere und eine obere Hälfte geteilt; ganz oben krönt der grosse Lancettkopf die vier schmalen Lancettfenster. Jede Fensterhälfte (die obere und die untere) hat fünf Felder in der Höhe — also im ganzen 20 Felder in jeder Hälfte. Jedes Feld ist etwa 60 cm breit.[5] Die Höhe der 20 unteren Felder beträgt etwa 90 cm — die der oberen 105 cm; diese Vergrösserung besteht sicherlich, um die optische Verminderung auszugleichen.

XXVII BERN

In dem grossen Lancettkopf zuoberst ist ein grosser Vierpass von vier Dreipässen zusammengestellt; in jedem Dreipass (trilobium) ist eine Heilige: oben die Himmelskönigin über der Mondsichel[6] mit dem Christuskind; neben (und unter) ihr die Mega-Heiligen Katharina und Barbara mit ihren Attributen — und zuunterst die Hl. Magdalena mit Salbgefäss. Der grosse Vierpass wird unten gestützt von zwei Fischblasen; in der linken kniet ein Engel, eine Fiedel spielend — gegenüber ein kniender Engel mit Laute.

In der oberen Hälfte[7] des Hostienmühlenbildes erblickt man zuoberst Gottvater und zwei Engel, die seine Kappe halten. Von dieser fällt ein Mannaregen auf die in der Wüste harrenden Juden. Links schlägt Moses aus dem Fels einen Quell, der zum Wasserstrom anschwillt. Propheten lenken den Strom, und aus ihm trinkt das durstende Volk Israels.

Und weiter fliesst der Strom bis zum Mühlrad in der unteren Bildhälfte.[8] Hier steht Petrus, barfüssig[9], mit Tiara[10] und Schlüsseln[11] — als primus apostolorum — und regelt mit einer Platte[12] den Strom, der auf die Schaufeln des Mühlrades fällt. Ihm steht es zu, das Wasser auf das Rad fallen zu lassen (oder es abzustellen).[13] So ist es gemeint; sicherlich nicht wie Haendcke (S. 156) schreibt: «... um als Nachfolger Christi den Born des Wortes Gottes dem Alten Bunde abzuschneiden und fortan allein auf seine Mühle zu leiten»; diese Auffassung wäre schwierig mit dem Geiste des Bildes in Einklang zu bringen.

In dem Trichter sitzen die Symboltiere der Evangelisten; denn die Botschafter des Glaubens sind selbst Eingang zum Evangelium. Sie lassen ihre Schriftbänder in die Mühle hinabgleiten:

Matthäus: . hoc . est . /corpus . /meum .[14]
Markus: . quod . nascetur . sic . michi .[15]
Lukas: . tu . es . xps[16] ixxl . cccc[17] dei .[18]
Johannes: Et . verbum . caro . fact/(u)m . est .[19]

Links von der Mühle kniet der Erzengel Gabriel mit einem Schriftband (und einem Scepter): A/ve . gratia . plena/ . d(omi)-n(u)s . / . tecum .[20] Auf der anderen Seite kniet Maria, ein Buch haltend (Zeichen der Weisheit und Frömmigkeit), mit einer nimbierten Taube über der Stirn.

Aus dem Mühlbottich quellen die Hostien durch eine Rinne und fallen in einen Kelch. Über diesem schwebt — in gleicher Weise wie die Hostie über dem Kelch bei der elevatio — das Christuskind mit dem Schriftband: (J)esus/in . pa/nis . vivus . qui . de . /celo . de(s)/ce(n)dit . qu/i . ma(n)duck(at) . ex . hoc . pane . v/inet . i(n)/et(ernitatem).[21]

Die vier Kirchenväter halten gemeinsam den Kelch und teilen die Hostien aus. Links und rechts stehen Kommunikanten, und in den untersten vier Feldern sehen wir das Volk, auf die Kommunion wartend.

Der Hintergrund der alt- und neutestamentlichen Scenen ist ein intensives Himmelblau.[22] Überhaupt sind blau und rot (die Farben der Cherubim und der Seraphim) vorherrschend; somit entsteht das «gotische Licht», das den hoch- und vielen spätmittelalterlichen Kirchen ihren besonderen Zauber verleiht.

Die Wurzeln der Lichtmetaphysik und Lichtästhetik gehen zurück auf die Gott-Licht-Vorstellung. Und diese ist wiederum entwickelt durch die augustinischen und pseudo-areopagitischen Gedanken auf der Grundlage des Johannes-Evangeliums und der neuplatonischen Auffassungen. Die Gotik schuf den Raum der Entrückung; alles wird entstofflicht und vom Licht durchleuchtet. «Sorget, dass Gott euch gross werde», sagt Meister Eckhart (1260 bis 1328). Die farbigen Fenster entsprachen dem tiefen mystischen Bedürfnis, das für den Mittelaltermenschen so charakteristisch ist. «Bilder des Paradieses» nannte man auch die Glasgemälde; die Gläubigen, die sich in die saphirblau und rubinrot schimmernden Erzählungen der «sacratissimae vitreae» vertieften, wurden im wahrsten Sinne erleuchtet. Abt Suger sah — im 12. Jahrhundert — in dem leuchtenden Glanz[23] der Glasfenster die schönste Manifestation der Göttlichkeit; und Wilh. Durandus (1230—1296) sagt: Die Glasfenster sind göttliche Schriftzeichen, die den Glanz der wahren Sonne, d. h. Gottes, in die Kirche, d. h. die Herzen der Gläubigen, ausgiessen und die Anwesenden erleuchten («... qui claritatem veri solis id est Dei in ecclesiam id est in corda fidelium transmittunt, inhabitantes illuminant»). Die Glasfenster strahlen wie im Spiegel das Jenseits rätselhaft wieder (Sicardus; vgl. 1. Kor. XIII, 12).

Der Genius der Gotik drückt sich in der Bildkunst nirgends so deutlich aus wie in der Glasmalerei.

In dem Fünfachtel-Chor sind sieben Glasgemälde, die alle innerhalb von etwa zehn Jahren entstanden sind. Das älteste ist das Ost-Fenster, das Passions-Fenster, vom Staat gestiftet um 1440. Südlich davon war «Die Auferstehung Christi» geplant. Es wurde nie hergestellt — sondern ein Fenster für die in Bern sehr populären Zehntausend-Ritter, vom Volk gestiftet um 1449; es wurde Anfang des 16. Jahrhunderts (wahrscheinlich 1502 oder 1520) durch Hagel zerstört. Heute befindet sich dort ein Christus-Fenster aus dem Jahre 1868. Das nächste Fenster ist ein Stephanus-Fenster, ebenfalls aus dem Jahre 1868. Das letzte Süd-Fenster, also das westlichste, ist ein Wappenscheiben-Fenster aus den Jahren 1820 bis 1830.

Nördlich des Passions-Fensters war «Die Jugend Jesu» geplant — ausgeführt aber wurde das Typologie-Fenster[24], von mehreren Privaten gestiftet um 1450. Darauf folgt das Dreikönigs-Fenster, gestiftet von Rudolf von Ringoltingen und ausgeführt um 1450. Das letzte Nord-Fenster im Chor, also das westlichste, ist das vom Berner-Staat um 1450 gestiftete Hostienmühlen-Fenster.

Das gesamte Bildprogramm ist hier in Bern nicht so streng und logisch wie z. B. in dem im Nachbarkanton Aargau liegenden Königsfelden[25], wo ein strafferes Koncept herrscht.

Man merkt in dem Berner-Hostienmühlenbild, welches zwei kleine Berner-Wappen (Stifter-Wappen) enthält, deutlich die spätgotische Bürgerlichkeit und die beginnende Verweltlichung; z. B. ist Gottvater nicht besonders erhaben dargestellt — er ist barhäuptig und sieht fast wie ein struppiger Alter aus; er hat genau dieselben groben Gesichtszüge wie der Mann in der untersten Bildreihe (1. Feld zuunterst in der oberen Fensterhälfte). Kleider und Schmuck des Volkes sind — wie es besonders in der Spätgotik oft der Fall war — mit Ausführlichkeit und Liebe dargestellt. Übrigens geben diese Gegenstände recht gute Anhaltspunkte dafür, dass das Fenster nicht viel später als mit 1450, wie oft angenommen[26], datiert werden kann. Trotz allem: hier vernimmt man einen letzten, mächtigen Akkord des ausklingenden Mittelalters, hart an der Grenze des Verfalls der grossen Glasmalerei.[27] Es ist eine monumentale Vorführung der Heilsmystik sub lege et sub gratia, und sie wirkt sich besonders eindrucksvoll in der Glasmalerei aus, wo das Licht[28] selbst Schöpfer der Vision ist.

Die gotischen Kathedralfenster waren nicht Wandöffnungen, sondern durchleuchtete Wände, die sich mit Gemälden sakralen Inhalts schmücken liessen. Die Mauern waren aus Licht und Farbe geschaffen; das Licht atmet mit dem Tagesablauf: während die Glaswände des Chors allmählich einschlafen, wacht die grosse West-Rose auf. In den romanischen Kirchen war das Licht «lux in tenebris»[29], das Licht, das gegen die bedrohende Finsternis kämpfte; in den gotischen war es «lux hominum»[30], das — als «Das fliessende Licht der Gottheit»[31] — die Kirchen und die Seelen wunderbar durchleuchtete und gnadenvoll erleuchtete. Fides und Cognitio sind die ersten Stufen zur unio mystica. Alles spielte sich im transcendenten, im göttlichen Licht ab und ist auch übersinnlich und überzeitlich zu verstehen. Der Stein und das Glas sind die gotischen Baustoffe; das Glas aber ist der gotischste, weil es der immateriellste ist. Die Überwindung des Stofflichen war Aufgabe sowohl für den Mystiker als für den Dombaumeister; das Ziel im Bau wie im Leben war der Triumph der Idee über die Materie. Die totale «Architektonisierung» ist typisch für die Zeit vom 13. bis 16. Jahrhundert. Die architektonische Umrahmung mit Fialen und Kreuzblumen ist hier als ein Hinweis auf das himmlische Jerusalem zu verstehen.[32]

Und doch steht alles auch im Diesseitigen. Denn hier, wo das himmelstrebende Sakramentshaus als das steingewordene «Sursum corda» stand, war der Mittelpunkt Berner Staatsgeschäfte: hier wurden wichtige Gesetze vorgelesen und beschworen. Himmel und Erde standen damals einander näher als heutzutage; im Heiligtum selbst verschmolzen sie gar miteinander. Das Sakramentshaus wurde von dem Goldschmied Nikolaus Diesbach gestiftet und kurz nach seinem Tod 1436 von seinen Söhnen gebaut. Es wurde 1528 — bei der Reformation — abgerissen.

Man könnte sich fragen, wieviel der spätgotische Bürger von dieser Mystik[33] und Symbolik verstand. Ich glaube, man muss antworten: Zu dieser Zeit noch ziemlich viel; einige Generationen später aber begann das Verständnis dafür zu schwinden.

Bei dem Berner-Hostienmühlenbild greift man zurück auf die alte Concordia-Idee[34] von Vézelay, St. Denis und Arles vom 12. Jahrhundert. Das hängt wahrscheinlich damit zusammen, dass der (vermutliche) «Programmeur», der spiritus rector, des Bildes, Leutpriester Johannes Stang, als Vorlage eine Biblia pauperum[35], die oft mit typologischen Bildern versehen waren, gebraucht hat.

Er hat auch — wie früher erwähnt — wahrscheinlich das Programm für das Typologie-Fenster entworfen. Von den Armenbibeln zu dieser Zeit gehörten die aus der sogenannten Kremsmünsterer-Gruppe zu den bekanntesten.[36]

Das Berner-Bild lädt uns — durch seine Vielfältigkeit — zu einigen Betrachtungen ein:

Moses - Petrus

Zuoberst links in der oberen Fensterhälfte steht Moses (hebr.: Der aus dem Wasser Gezogene (Ex. II, 10)) und schlägt aus dem Felsen Wasser mit seinem Stab.[37] Der Felsen ist Christus.[38] Zuoberst rechts in der unteren Fensterhälfte steht Petrus, der Felsen-Apostel, bei dem Wasser.[39] Auf dem Felsen gründet sich die Kirche[40], deren Eingang das Taufwasser ist.[41] Die alttestamentliche Relation Schöpfer-Schöpfung: Jahwe-Israel wurde durch die neutestamentliche: Christus-Kirche erweitert. Die Relation Jahwe-Israel verkörpert sich in der Person Moses, die Relation Christus-Kirche in der Person Petrus.

Moses war der von Gott berufene Leiter Seines auserwählten Volkes (Israel); Petrus war der von Christus berufene Leiter Seiner auserwählten Gemeinde (der Kirche). Eine solche Zusammenstellung[42] von Petrus und Moses kann man auch bei den sogenannten Credo-Aposteln treffen, z. B.:

Petrus: Credo in patrem omnipotentem, creatorum coeli et terrae.
Moses: In principio creavit Deus coelum et terram.
(Genesis I, 1).

Felsen - Fundament

In der oberen Fensterhälfte steht der Felsen, der sich sowohl über der irdischen wie über der himmlischen Sphäre ausdehnt. Er besteht aus weisslichen Steinplatten. In der unteren Fenster-Hälfte ist ein Fussboden als Fundament für die Mühle. Dieser Fussboden besteht aus weisslichen Steinplatten von ungefähr derselben Stärke wie der Felsen.

In diesem Zusammenhang weise ich auf folgende Schriftstelle und Symbolik hin; es könnte daran gedacht worden sein: «Dem Sieger gebe ich ein verborgenes Manna und einen weissen Stein. Auf dem Stein steht ein neuer Name geschrieben, den nur der kennt, der ihn empfängt» (Apk. II, 17). Die Perspektive ist eschatologisch; die Symbolik des weissen Steines[43] aber geht in die Antike zurück. Es war ein gutes Omen: in Gerichtsverhandlungen bedeutete er die Freisprechung der Angeklagten (Ovid, Met. 15), bei Wettkämpfen bezeichnete man mit ihm den Sieger, bei Magistratswahlen den gewünschten Kandidaten. Glückliche und festliche Tage wurden ebenfalls mit weissen Steinen vermerkt. Alle diese Bedeutungen sind im weissen Stein vereint, den Christus seinen Siegern geben wird (vgl. Apk. XXI, 7). Ein glückliches Los wird ihnen zuteil: das Erbe des Gottesreiches, in dem jeder einen besonderen Platz einnimmt und mit eigenem Namen[44] gerufen wird, einem Namen, in dem die schöpferische Liebe Gottes das Wesen des geliebten Menschen ausspricht: ein ewiges Geheimnis zwischen Ihm und dem Empfänger.[45]

Der Fussboden — der nicht allein als Fundament für die Mühle, sondern auch für die Verkündigung dient — wird von sieben[46] violetten Konsolen getragen. Violett war — seit dem 13. Jahrhundert — die liturgische Farbe für Advent.[47]

Felsen und Berge sind Sinnbilder des Unvergänglichen, des Ewigen, des Göttlichen. Von Gott wurde gesagt: «Ein Berg ist ihr Gott» (1. Kg. XX, 23). Es ist wohl auch kein Zufall, wenn Lorenzo Ghiberti einen Berg darstellt, als Opferungsort von Kain und Abel, obwohl in dieser Geschichte (Gn. IV, 3-7) kein Berg erwähnt wird» («Paradiespforte», Florenz 1425—1452).

Wasser - Wunde

Wenn Moses Wasser aus dem Felsen schlägt, geschieht es auf Geheiss Gottes; deshalb ragt der obere Teil seines Stabes, womit er schlägt, in den Himmel hinein. Da — und nicht im Erdbereich — hat auch die Quelle ihren Ursprung.[48]

Weil Moses aber auch das Mysterium des Messias in sich trägt[49], ist sein Stab auch als Kreuz zu verstehen; kein Wunder hat Moses gewirkt ohne das mysterium crucis (vgl. Origenes: In Ex. hom. 4, 6)[50]. So entsiegelt das Todesholz den Lebensquell. «Was ist Wasser ohne das Kreuz Christi?» fragt Ambrosius, «Ein gewöhnliches Element ohne jede Mysterienwirklichkeit» (De myst. 4, 20). Iustinus der Martyrer sagt in seinem Dialog[51]: «Eine Freude ist es für uns, in den Tod zu gehen für den Namen des herrlichen Felsens; er lässt lebendiges Wasser in die Herzen derer sprudeln, die ...» Ich weise auch auf Ps. I, 3 hin: der Baum des Lebens (das Kreuz) am Rande des Wassers; «ex illo enim fonte procedunt omnia flumina» (Hieronymus: «Tractatus in Ps. I»; vgl. Barnabas-Brief c. 11).

Das Wasser quillt unter Gottes segnender Hand hervor — dieselbe Segensgeste, die man bei Gottvater in den Verkündigungs-Scenen der meisten Hostienmühlenbilder beobachten kann. Und das Wasser ist Christus in der messianischen Verheissung der Propheten — und zugleich in der Taufe und in seinem erlösenden Blut[52], uns gegeben als Gnadenmittel für das ewige Leben.

Jesus verglich seinen Leib mit dem Tempel (Jo. II, 19-21); aus der Wunde dieses Leibes floss — und fliesst — der Lebensquell, die Triebkraft der Kirche. «Und es wird geschehen an jenem Tage, lebendige Wasser strömen von Jerusalem aus» (Sach. XIV, 8). Der Prophet Ezechiel sagt, dass der Brunnen des Heils aus der rechten Seite des Tempels fliessen wird (XLVII, 1); deshalb wird auch in den Passionsdarstellungen der Lancenstich (Jo. XIX, 34) gegen die rechte Seite Christi geführt, obwohl das Herz ja links liegt. Die Seitenwunde Christi wurde — besonders seit dem 12. Jahrhundert — sehr verehrt (vgl. Longinus-Legende).

Papst Leo I. (440—461) liess an die altchristliche Taufkirche des Laterans die Worte setzen:

FONS HIC EST VITAE QUI TOTUM DILUIT ORBEM
SUMENS DE CHRISTI VULNERE PRINCIPIUM
Hier ist des Lebens Quell, der die ganze Erde umflutet;
aus der Wunde Christi nimmt er seinen Ursprung.

«Nunquam sine aqua Christus», lehrt Tertullianus (De baptismo, 9).

Von dieser Quelle nehmen die Mysterien ihren Ursprung[53], und aus dieser Quelle — als Seitenwunde Christi — geht seine Braut, die Kirche, hervor. Diese Gedanken kommen besonders zum Ausdruck bei Tertullianus (Patr. Lat. II, 767 B), Origenes, Methodios, Zeno und Chrysostomos. Ausserdem weise ich auf eine Miniatur hin, die die Geburt der Ecclesia aus der Seitenwunde Christi zeigt; sie ist in einer Bible moralisée, einer Handschrift um 1270, in der Nationalbibliothek, Wien (Cod. 2554, fol. I), zu sehen. Es ist ja ein Gedanke[54], der parallel mit dem Schöpfungsbericht über die Erschaffung Evas aus der Seite Adams läuft. Die Grenze zwischen Idee und Realität war in der mittelalterlichen Gedankenwelt stets eine fliessende. Himmlische und irdische Wirklichkeit gingen unmerklich ineinander über.

Der Strom verbindet Moses mit Petrus, und beide kümmern sich um das Wasser. Er erquickt das darbende Volk Israels in der Wüste[55] und uns — Viatores — in dem Hl. Abendmahl[56]. Der Strom fliesst durch das Alte Testament; Förderer und Wegbereiter sind die Propheten[57], die mit Hacken[58] dem Strom den Weg bereiten bis zur Mühle, von wo das Gesetz in Klarheit und Gnade hervorgeht: «Denn das Gesetz ist durch Moses gegeben worden, die Gnade und die Wahrheit ist durch Jesus Christus geworden» (Jo. I, 17).[59]

Die Mühle ist die Kirche, wo das Wort verkündet wird, und in welcher sich fort und fort das Wunder der Transsubstantiation vollzieht. Der Kult (in der Hl. Messe) ist die ständige Wiederholung («in meam commemorationem») des heilbringenden Urbildes (in illo tempore et in illo loco).[60] Das nunc stans, der verweilende Augenblick der Ewigkeit, ist für den Mystiker wichtiger und wirklicher als der unablässige Fluss des Zeitlichen.[61] Für ihn hat es keinen Sinn, die geistigen Dinge in unserer Zeitvision zu sehen und über ihre Geschichtlichkeit zu sprechen; eigentlich ist das einzig Reale das Transcendente, die «res» ist nur deswegen und insoweit real, als sie in dem göttlichen Heilsplan verwurzelt ist.[62] Für Thomas Aquinas ist die Ewigkeit «interminabilis vitae simul et perfecta possessio» (ein gleichzeitiger und vollständiger Besitz des Lebens in seiner Ganzheit). Die Gegenwart gründet unmittelbar auf die Ewigkeit, ja Vergangenheit und Zukunft sind wie aufgehoben in einer ewigen Gegenwart. «Das ewige Jetzt, das begreifet in sich alle Zeit» (Meister Eckhart).[63] Oder anders ausgedrückt: In der sich ewig erneuernden Kulthandlung wird die Gegenwart über die Grenzen der Zeit erhoben. Bis zur Wandlung führt der Weg von den Menschen zu Gott (Opferung), von der Wandlung an führt der Weg von Gott zu den Menschen (Kommunion) — die Wandlung selber aber ist die mystische Verschmelzung von Diesseits und Jenseits.

Einige nicht vorher citierte Bibelstellen sollen hier kurz — und ohne Kommentare — im Anschluss an den segensreichen Wasserstrom vom Horeb erwähnt werden: Nm. XX, 11; Ps. LXXVIII, 15, 16; Ps. CV, 41; Ps. CVII, 35; Ps. CXIV, 8; Weish. XI, 4; Js. XXXV, 6; Js. XLI, 18; Js. XLIII, 20; Js. XLVIII, 21; Js. LV, 1; Apk. XXII, 17.

Ein Prophet steht gerade über dem spätgotischen Kielbogen, der das Alte Testament von dem Neuen Testament trennt (und gerade über Petrus); er hält ein Band mit der Beschriftung: pe/tr(us) . ad . /aquam . paul(us) . ad . m(olam). Petrus und Paulus — also ein

Hinweis auf Schlüsselgewalt und Mission, auf die Ecclesia ex circumcisione und die Ecclesia ex gentibus. Freilich sucht man Paulus vergebens; er war also ursprünglich — so muss man annehmen — im Bild geplant; man hat aber auf ihn verzichten müssen, vielleicht wegen Raumnot. Dass es nicht Paulus ist — wie es öfters in der Fachliteratur angegeben wird —, geht allein daraus hervor, dass er keinen Heiligenschein trägt (ausserdem trägt er Schuhe und befindet sich oberhalb des Kielbogens).

Diese Quelle — «fons vivus», wie sie in dem Pfingsthymnus «Veni, creator spiritus»[64] genannt wird — verbindet das Alte mit dem Neuen Testament — und ist Triebkraft und Nahrung zum ewigen Heil. Das Jenseitige und das Diesseitige sind vereint.

Manna - Hostie

Ein anderer typologischer Aspekt ist die Gegenüberstellung des historischen, einmaligen Brotes (mhd.: leip, leib) vom Himmel und dem geistigen, immerwährenden Himmelsbrot («immortalitatis alimonia») in Christo (Jo. VI, 51).

Die Israeliten sahen es und sagten zu einander: «Was ist das?»[65] Denn sie wussten nicht, was es war. Da sprach Moses zu ihnen: «Das ist das Brot, das Jahwe euch zu essen gibt...» (Ex. XVI, 15).

Doch gebot Er den Wolken dort oben
und tat auf die Tore des Himmels.
Und Manna liess Er auf sie regnen zur Speise;
Er gab ihnen Himmelsbrot.
Das Brot der Starken[66] durfte essen der Mensch;
Speise sandte Er ihnen in Fülle.   Ps. LXXVIII, 23-25

Sie begehrten, da führte Er Wachteln herbei,
und Er machte sie satt mit dem Brote vom Himmel.   Ps. CV, 40

Statt dessen nährtest Du Dein Volk mit Engelsspeise[67] und reichtest ihnen unermüdlich fertiges Brot vom Himmel, das jeglichen Genuss gewährte und jedem Geschmack entsprach.   Weish. XVI, 20

Unsere Väter haben das Manna gegessen in der Wüste, wie geschrieben steht: «Brot vom Himmel gab Er ihnen zu essen.»
Jo, VI, 31

Ich bin das Brot des Lebens. Eure Väter haben in der Wüste das Manna gegessen und sind gestorben.[68] Dies ist das Brot, das vom Himmel herabkommt, damit man davon esse und nicht sterbe. Ich bin das lebendige Brot, das vom Himmel herabgekommen ist. Wer von diesem Brot isst, wird in Ewigkeit leben.   Jo. VI, 48 seq.

In einem Gebet vor der Kommunion gebraucht der Celebrant für die Hostie die Bezeichnung: Panem coelestem (accipiam, et nomen Domini invocabo (vgl. Psalmus CXV, 4 und S. 119)).

In figuris praesignatur,	In Zeichen ist es angedeutet:
Cum Isaac[69] immolatur,	Indem Isaak geopfert wird,
Agnus Paschae deputatur,	wird das Osterlamm dargebracht
Datur Manna patribus.[70]	und Manna den Vätern gespendet.

Es gibt zu denken, dass Jesus im «Haus des Brotes» (hebr.: beth lechem) geboren wurde, dass seine erste Versuchung nach seinem öffentlichen Auftreten um Brot ging, dass er uns im «Vaterunser» gelehrt hat als erste Bitte, die uns Menschen betrifft, nach Brot zu verlangen, und dass seine letzte Tätigkeit unter seinen Jüngern das Brotbrechen war. Der eschatologische Vollender ist der Spender des Brotes. Der Begriff «beth lechem» hat übrigens — in der hebräischen Gematrie — einen Zahlenwert (hebr.: hesbon), der ihn auf die Grenze zwischen den zwei Welten hinweist; hier aber ist nicht der Ort auf diese Aspekte der kabbalistischen Mystik einzugehen. Weil an der wichtigsten Stelle der meisten Hostienmühlenbilder entweder das Schriftband mit «et verbum caro factum est» oder das Christuskind selbst (wie hier) — also die fleischgewordene Botschaft — erscheint, will ich es doch nicht unterlassen, darauf hinzuweisen, dass das hebräische Wort für Fleisch (bassar) dieselben Buchstaben wie der Stamm des Wortes für Botschaft (bessurah) hat — also eine Messiasverheissung in sich birgt.

«Panis Xpisti et caro eius sermo divinus est et doctrina caelestis», schrieb Hieronymus (Tractatus de Psalmo CXLV; G. Morin: Anecdota Maredsol. III, 2 p. 290 f); daher konnte Augustinus auch von «verbum visibile» und «sacramentum audibile» sprechen (Contr. Faust. 19, 16).

Es gibt andere typologische Darstellungen «Manna - Hostie» als in Bern (nebst den vielen in den Handschriften). Eine der bekanntesten ist ein Glasgemälde um 1410 in der Sct. Jakobs-Kirche zu Rothenburg ob der Tauber.[71] In unserem Berner-Bild wird die Gegenüberstellung jedoch in besonderer (obwohl hier nicht in streng typologischer) Weise betont, nämlich in der zusätzlichen Gegenüberstellung und im Verhalten des «Volkes» in den zwei Fensterhälften:

Geschichte - Gegenwart

In der obersten Reihe des (historischen) Volkes (in der obersten Fensterhälfte) sehen wir das Wüstenvolk, das mit aufwärtsgewandten Gesichtern nach der göttlichen Speise schaut. Die Wüste war immer Schauplatz für Israels entscheidende Ereignisse. Und als «Kontrapunkt»: in der untersten Reihe des («heutigen»[72]) Volkes (in der untersten Fensterhälfte) sehen wir das Kirchenvolk — in der Wüste der Zeit, also in dieser Welt — in derselben Stellung wie die Juden.

Israel wurde von der Knechtschaft Ägyptens befreit — das neue

Israel ist von der Knechtschaft der Sünde losgekauft. Hieronymus sagt: Traditio Judaeorum est, Christum media nocte venturum in similitudinem Aegypti temporis, quando Pascha celebratum est ... (Commentarius in Evangelium Matthaei IV zu 25, 6; Patr. Lat. XXVI, 192).

Durch Mannasegen sub lege hat Gott den Alten Bund des Gottesvolkes eingeleitet; durch Hingabe Seines einzigen Sohnes sub gratia hat Er den ewigen Bund des neuen Gottesvolkes vollendet. Dieser ewige Bund ist unter den Zwölfen — dem neugeschaffenen Zwölfstämmevolk — konstituiert; und er weist auf das künftige Freudenmahl hin (Mt. XXVI, 29; Mk. XIV, 25; Lk. XXII, 16).[73]

Schon Jesaja prophezeit (XXV, 6), dass Jahwe allen Völkern ein Mahl bereiten wird «auf diesem Berg» (d. h. in der mittelalterlichen Exegese: Sion = Kirche = Himmlisches Jerusalem).[74] Das jüdische Kultmahl (chaburah) wird in die universale Eucharistie verwandelt, die seine Erfüllung und Vollendung im himmlischen Gastmahl — in der eschatologischen coena dominica — erreicht. Dieses endzeitliche Gastmahl wird bei Ambrosius «das Festmahl der Weisheit» genannt (De Cain et Abel, I, 5; Corpus scriptorum ecclesiasticorum latinorum, 32, I, 355); vgl. Spr. IX, 1. Dann ist eingetroffen die «restitutio omnium rerum» (vgl. Barnabas-Brief VI, 13).

Die herben Gestalten — das gilt sowohl im alttestamentlichen wie im neutestamentlichen Teil des Fensters — erscheinen fast ein wenig profan; man merkt, dass es ein zeitlich fortschrittlicher Künstler[75] war, denn diese Züge werden erst einige Decennien später üblich; die Kreuzschattierung z. B. in den Felsenpartien deutet in dieselbe Richtung.[76] Es gibt aber einen terminus ante quem, nämlich 1457; denn damals wurde seine Bekrönung (und andere Einzelheiten) im Chor der Stadtkirche zu Biel nachgeahmt.[77]

XXVII BERN

Das Bild ist ein Ineinandersein von irdischer Vergangenheit und Gegenwart, ein Miteinandersein von Verborgenem und Offenbarung — und ein unabgegrenztes Nebeneinandersein von Diesseits und Jenseits. Es zeigt uns (vgl. Innocent III.[78], Thomas Aquinas[79] und Tauler[80]) die drei Advente Christi: die ewige Geburt aus dem Vater, die zeitliche aus der Jungfrau und die mystische aus dem Herzen des Gläubigen.[81] Christus ist in Bild und Wort immanent, und zugleich sprengt Er alle ihre Rahmen in Seiner Transcendens. Der Vorhang (Parocheth[82]) des Tempels ist zerrissen[83], das Zeitliche verschmilzt in das Ewige, die himmlische Gnade ist Gegenwart. Da kommen wir «modernen» Menschen leicht zu kurz, weil wir unserem sterilen und «rationalen» Intellekt überlassen sind; mit unserem engen Mantel des kausalen und utiliaristischen Denkens bekleidet, verstehen wir das Zeichenhafte im Bild nicht mehr, wir nehmen das Göttliche im Bild nicht wahr. Der grosse Gelehrte und Humanist, Papst Leo XIII.[84] hat diese Gefahr erkannt und schrieb: «Wer in der Heiligen Schrift unterweist, hüte sich aber auch vor der Vernachlässigung des allegorischen oder analogen Sinnes, den die heiligen Väter gewissen Worten beigelegt haben, besonders dann, wenn diese Sinndeutung ganz natürlich aus dem buchstäblichen Sinn hervorgeht und sich auf zahlreiche Autoritäten stützen kann. Die Kirche hat diese Art der Auslegung von den Aposteln empfangen und durch ihr Vorbild bestätigt, wie dies aus der Liturgie hervorgeht.» (Encyclica «Providentissimus Deus» vom 18. November 1893.) Auch in unserem Jahrhundert kommen ähnliche Gedanken zum Ausdruck. So bei den Päpsten Benedict XV., Pius XI. und Pius XII. in den Encyclicen «Spiritus Paraclitus», «Studiorum Ducem» und «Divino afflante spiritu».

Das Bild ist — im tiefsten Sinne des Wortes — ein katholisches Bild (katholikos: das Ganze umfassend).

Die typologische Zusammenstellung von Quellwasser und konsekriertem Wein wird selbstverständlich wenig betont, weil hier — wie im grössten Teil Europas — die sub una specie[85] allgemein Gebrauch war. Ganz unbetont ist sie jedoch nicht (siehe S. 144), und der Kelch selber ist gewissermassen Symbol des Blutes Christi; manchmal wurde der Kelch auch «fons» (Quelle) genannt — obwohl die häufigste lateinische Benennung «calix» (oder «scyphus») war.

Ein interessanter Aspekt ist auch das Vorhandensein eines zweiten Kelches — ganz links im Bilde; der wird nämlich nicht (wie in Tribsees) einem Geistlichen, sondern einem Laien gereicht. Hier wären wohl ein paar Worte über die Geschichte des Laien-Kelchs angebracht.

Bis in das 13. Jahrhundert spendete man die Kommunion allen Gläubigen unter beiden Gestalten.[86] In diesem Jahrhundert entstand der dogmatische Begriff concomitantia realis, d.h. die untrennbare Begleitschaft (von Leib und Blut) — eine von Alexander Halesius[87] begründete und von dem Aquinaten[88] entwickelte Lehre, wonach unter jeder der beiden Gestalten der ganze Christus gegenwärtig ist.[89] Obwohl diese Lehre erst viel später endgültig canonisch festgelegt wurde[90], übte sie doch ihren Einfluss aus. Dies — in Verbindung mit der stets zunehmenden Verehrung der Eucharistie — veranlasste die Kirche, auf der Laien-Kelch zu verzichten: Die wachsende Zahl der Kommunikanten erschwerte die sorgfältige Bedienung des einzelnen, und ein Risiko bestand für Missbrauch oder Verschüttung des Heiligen Blutes.

Die communio sub una wurde allgemein Kommunionsgebrauch. Im Jahre 1381 hat John Wycliff (um 1324—1384) in England die Transsubstantiation in der Heiligen Messe verneint. 1382 wurde die Schwester von König Wencel VI.[91] von Böhmen —

Anna — mit dem englischen König Richard II.[92] vermählt. Diese Heirat gab zu einer regen Verbindung Böhmens mit England Anlass, und innerhalb von wenigen Jahrzehnten waren die Gedanken Wycliffs in Böhmen eingedrungen. Hier wurden sie u. a. von Jan Hus (1369—1415) teilweise aufgenommen und geformt, und — angeregt von Magister Jakob von Mies — forderte er den Gebrauch des Laien-Kelchs. Am 15. Juni 1415, im Konstanzer-Koncil (1414 bis 1418), wurde die Kommunion unter beiden Gestalten verdammt.

Doch schon auf dem folgenden Koncil (dem Basler-Koncil, 1. Teil 1431—1437) gelang es dem Calixtiner-Führer[93], Jan Rokyzana[94], einige Gedanken, besonders den Utraque-Gedanken (unter gewissen Bedingungen), für seine Anhänger durchzusetzen.[95] Aber schon 1462 wurde die compactata von Papst Pius II.[96] aufgehoben. Sie wurde 1485 wieder in Kraft gesetzt.

Es wäre jedoch verfehlt, in dem Berner-Bild einen Laien-Kelch zu sehen. Wohl gab es — wie oben angedeutet — zu dieser Zeit (um 1450) die Möglichkeit für einen solchen, aber die Utraquisten beschränkten sich vorwiegend auf gewisse Gebiete in Ost-Europa, besonders Böhmen; in Bern war keine Calixtiner-Bewegung vorhanden.

Man vergleiche auch die zwei Kelche: Der Konsekrations- (oder Spende-)Kelch, an einer centralen Stelle im Bilde angebracht, ist äusserst prächtig ausgestattet; denn die Kostbarkeit der Materie (vgl. Jo. XII, 3) ist eine Huldigung an den Schöpfer:

> Dum libare Deo gemmis debemus et auro,
> Hoc ego Sugerius offero vas Domino.[97]
> Da wir Gott opfern sollen mit kostbatren Steinen
> und Gold, weihe ich, Suger, dieses Gefäss dem Herrn.

Es ist der calix sanctus[98], und er gehört zu den vasa sacra. (Übrigens bekam das Ciborium (mit Ausnahme des Versehciboriums) im ausgehenden Mittelalter zunehmend die gleiche (oder fast gleiche) Form wie der Kelch, so dass eine Unterscheidung nicht immer mit Sicherheit möglich ist.)

Und der kleine, ganz schlichte Kelch am Bildrand? Als Spende-Kelch (calix ministerialis oder calix maior) scheint er zu klein und einfach, gehörte doch auch der Spende-Kelch zu den vasa sacra (seltener vasa initiata genannt).

Sehen wir den Geistlichen näher an. Er trägt keine Stola[99] und kann so keinen konsekrierten Wein spenden. Und der «Kommunikant»: Im Gegensatz zu den Kommunikanten kniet[100] er nicht, wie es im Spätmittelalter bei der Kommunion üblich war; trotzdem — und obwohl er erwachsen ist, ragt er nicht mehr in die Höhe als die knienden. Er scheint einen Buckel zu haben; er ist ein Krüppel.

Nach damaligem Volksglauben galt es als heilsam für Kranke und Krüppel, Ablutions-Wein[101] trinken zu dürfen. Es würde hier zu weit führen, näher auf diese Probleme einzugehen; in diesem Zusammenhang soll nur erwähnt werden, dass der Wein (und/oder Wasser), mit welchem konsekrierte Kelche nach Gebrauch sorgfältig gespült wurden oder mit welchem der Celebrant nach Berührung der Hostie seine Finger spülte[102], volkstümlich als heilbringend galt. Der Gebrauch wird von Anfang des 8. Jahrhunderts bis tief in das 17. Jahrhundert hinein bezeugt.

Zur Ablution wurde ein Ablutions-Kelch benutzt, der selbstverständlich kein vas sacrum darstellte. Hier ist also keine Rede von einem Laien-Kelch, sondern von einem Ablutions-Kelch, der übrigens meist von einem Diakon dargeboten wurde.

Nebenbei sei bemerkt, dass der Konsekrations- (oder Spende-) Kelch nicht an der materiell natürlichen Stelle gezeigt ist, nämlich mitten unter der Öffnung des Bottichs, woraus die Hostien quellen (in der 2. Lancette); statt dessen ist er in die 3. Lancette verschoben, weshalb eine ungewöhnlich lange Rinne für das Mahlprodukt geschaffen werden musste. Man erreichte aber damit, dass sich sowohl der Kelch als auch der Wasserstrom in der 3. Lancette begegneten. Es mag Zufall sein, es gibt aber in der mittelalterlichen Kunstkonception sehr wenig Zufälle (vgl. Irenäus, siehe S. 58). Der Strom ist als Blut und Wasser aus der Seitenwunde Christi zu verstehen (Jo. XIX, 34 und 1. Jo. V, 6); es wäre deshalb sinnvoll, den Kelch mit der konsekrierten Hostie mit dem Blute Christi, dem konsekrierten Wein, zu vereinen. So geschieht es ja auch in der liturgischen Brechung und Mischung («Haec commixtio ...») zur Vorbereitung der Kommunion. Durch den Mischungsakt wird der eucharistische Erlöser als ungeteiltes und lebendiges Opferlamm charakterisiert. Mit Bezug auf den Strom als Blut und Wasser erinnere ich auch daran, dass dem Wein in der Heiligen Messe von jeher ein wenig Wasser[103] beigemischt wurde als Symbol der Vereinigung zwischen Göttlichem und Menschlichem, die in der unio hypostatica gipfelte; hier in der «commixtio vini et aquae» ist also die Menschwerdung Christi verborgen.

Seit dem Jahr 172 werden Blut und Wasser aus der Seitenwunde Christi als Eucharistie und Taufe ausgelegt (Bischof Klavdios Apolinarios von Hierapolis (Phrügien)).

Für den mittelalterlichen Menschen ist es typisch, dass er für die übersinnliche Welt mit Fleiss erkennbare Ausdrücke sucht. Nichts ist nur, was es scheint, alles — ausser Gott — bedeutet auch etwas anderes. Unsere materialistische Welt kann diese geistige Welt, deren wissenschaftliche Methode die allegorische Interpretation ist, nur unvollständig verstehen. Für das Mittelalter war die symbolische Deutung die einzig ontologisch gültige Bestimmung der Wirklichkeit. Das Bild will das Unsichtbare sichtbar machen, will uns durch Anschauen zur Ausschau leiten, das heisst — im Sinne der Mystik — zum Gebet; denn es war eine Wiederspiegelung des ordo coeli et terrae — des ordo Dei. Die ganze Sakralkunst des Mittelalters legte dem Betrachter ans Herz: vide et adora; sie zwang ihn in die Knie und hob ihn zugleich empor.

Die Kunst war nicht Geschmackskultur oder Ästhetik in unserem Sinne, sondern Gottesdienst. So feierte die mittelalterliche Bauhütte am Sct. Peters Tag vor dem Baubeginn vier Messen. Ebenso mussten auch die Mitglieder mindestens zweimal im Jahr das Allerheiligste Altarssakrament empfangen.

Ein Schlüsselwort in der mittelalterlichen Kunst ist «significare», d. h. «bedeuten» — aber meist im Sinne einer materiellen Manifestation einer geistigen Wirklichkeit (so: Ecclesia materialis significat Ecclesiam spiritualem: das Programm der ganzen mittelalterlichen Kirchen-Symbolik).

«Hoc visibile imaginatum figurat illud invisibile verum, cujus splendor penetrat mundum ...» (Dieses sichtbare Bild stellt jene unsichtbare Wahrheit dar, deren Glanz das All durchdringt ... Aus einem Evangeliar (11. Jahrhundert, Köln) der Äbtissin Hitda von Meschede; Textseite gegenüber einer Maiestas Domini). Und der Aquinate sagt: «a sensibilibus ad invisibilia». Wir erfassen erst spiritualia sub metaphoris corporalium.

Wie die Kathedralen ein Symbol des Kosmos waren, so waren die Hostienmühlenbilder eine Zusammenfassung des Heils per omnia saecula saeculorum. «Ut in omnibus glorificetur Deus» (ein Benediktiner-Wahlspruch).

«... Et in lumine tuo
videbimus lumen.»
(Psalmus XXXV, 10)

XXVIII. KAPITEL

NÜRNBERG
Glasgemälde 1481

In der mittelalterlichen Metropole Nürnberg wurde 1477 — nach etwa 200jähriger Bauzeit — die Sct. Lorenz-Kirche, mit einem einzigartig schönen Hallenchor[1], vollendet.

Die Kirche hat über 40 grössere Fenster, darunter befindet sich an der Südseite des spätgotischen Chores, in dem sogenannten Schlüsselfelder-Fenster, ein Hostienmühlenbild. Die Schlüsselfelder gehörten zu den ratsfähigen Patricierfamilien[2] der Freien Reichsstadt[3] Nürnberg.

Ursprünglich aber gehörte das Hostienmühlenbild nicht in das Schlüsselfelder-, sondern in das Tucher-Fenster[4]. Dr. Lorenz Tucher hatte in Basel Theologie und Kirchenrecht studiert. Später hatte er ein Kanonikat in Zürich inne. Seit 1478 war er Propst von Sct. Lorenz und stiftete 1481 das Hostienmühlen-Fenster. Er war sehr gelehrt und bereist. Von seiner Zeit in der Schweiz kannte er möglicherweise das grosse Hostienmühlen-Fenster in Sct. Vincent zu Bern[5].

1601 wurde das Fenster durch eine Neuverglasung von dem damals sehr bekannten Glasmaler Jacob Sprüngli[6] aus Zürich umgestaltet und versetzt. Das Hostienmühlenbild — oder ein Kernstück davon — wurde in das Schlüsselfelder-Fenster versetzt, ist aber bei einer Restaurierung 1839 stark beeinträchtigt worden. Heute sind nur wenige Original-Teile des Bildes erhalten.

Von dem Tucher-Fenster ausgehend, muss man annehmen, dass das ganze Bild fünf Felder in der Breite und sechs in der Höhe in Anspruch genommen hat. Nach der Versetzung in das Schlüsselfelder-Fenster sind nur 9 von den ursprünglich 30 Feldern erhalten, drei in der Breite und drei in der Höhe. Möglicherweise war man sich zur Zeit der Versetzung (1601) nicht der vollen Bedeutung des Bildes bewusst.

In der obersten Reihe sitzt Gottvater mit dem Reichsapfel, umgeben von drei musicierenden Engeln. Darunter, zwischen Gabriel und der Hl. Jungfrau[7], die nimbierte Taube des Heiligen Geistes. In der untersten Reihe, in der Mitte, der Mühltrog; dahinter Lukas und Markus, und auf beiden Seiten bzw. Johannes und Matthäus. Die Evangelisten sind durch ihre Symboltiere[8] dargestellt. Die zwei erstgenannten Evangelisten[9] schütten zusammen Oblaten aus einem geflochtenen Korb in den Trichter; die zwei letzteren knien mit gefüllten Körben auf beiden Seiten der Mühle. Alle Oblaten sind mit einem Kreuz bezeichnet.[10] Dass die Evangelisten Oblaten in den Mühltrog schütten, ist recht eigenartig, das gibt es — mit Ausnahme des ziemlich spät entstandenen Siezenheimerbildes — in keiner bis jetzt bekannten Darstellung. In den meisten früheren Darstellungen wurde der geistige Gehalt des Wortes durch Korn oder häufiger durch Spruchbänder, die in die Mühle herunterflossen, hervorgehoben: die Versinnbildlichung des Logos, sowohl in der Menschwerdung als in der Eucharistie. Die mystische Transsubstantiation ist hier einer neuen — mehr handfesten — Erscheinungswirklichkeit gewichen; es ist ein reales Abbild der praktizierten Gottesdiensthandlung (Frenzel). Dass wir uns hier langsam vom mittelalterlichen Denken entfernen, erkennen wir auch aus dem Bestreben, den mystisch-verklärten Raum des mittelalterlichen Sakralgebäudes durch mehr Tageslicht aufzuhellen.[11] Übrigens sind die Chor-Fenster in zwei Reihen aufgeteilt, in die Kapellen-Fenster, zu welchen das Schlüsselfelder- und das Tucher-Fenster gehören, und in die Obergaden-Fenster. Die ersten sind etwa 750 cm hoch, also weniger als die Hälfte der grössten hochgotischen Lancett-Fenster. Auch die Figuren an sich und ihre Haltung scheinen mehr lebensnah und weniger ätherisch als bei früheren Darstellungen.

Wie hat das Hostienmühlen-Fenster ausgesehen? Wir können einen Rekonstruktionsversuch machen, indem wir das erhaltene Kernstück als Ausgangspunkt benutzen. Ursprünglich war wahrscheinlich noch eine Reihe von Feldern auf jeder Seite des Kernstücks, dazu eine Reihe oben und zwei Reihen unten (das Kernstück: 3×3 wird also zu 5×6 erweitert, siehe oben). In der obersten Reihe[12] war sicher eine abschliessende Architekturkrönung (vgl. Bern). In der fünften Reihe von oben war wahrscheinlich das Mühlwerk[13] und die Triebkraft[14]; als solche könnte man sich die Wasserkraft oder die zwölf Apostel vorstellen. Letzteres ist bei weitem das meist verbreitete, und für die zweimal sechs Apostel standen vermutlich zweimal zwei Felder zur Verfügung; von einem Wasserstrom ist in den erhaltenen Bildern nichts zu erkennen.

In den untersten Reihen war sicher die traditionelle Gruppe von Kirchenvätern (und vielleicht eine Kommunions-Scene[15] und/oder evtl. (auch) eine oder mehrere Stiftergestalten). Wie auf Seite 155, 4 erwähnt, befindet sich in einer Nordwestkapelle derselben Kirche ein gleichzeitiges Kelterbild (Epitaph der Familie Stör, 1479).

Man wird sich vielleicht wundern, dass hier diese neuen Töne schon so stark zu spüren sind, muss sich aber erinnern, dass Nürnberg im Mittelalter ein Kunstzentrum bildete, wo viele Strömungen zusammenflossen, z.B. von Schwäbisch-Gmünd, Regensburg und Prag (u.a. die bekannte Künstlerfamilie Parler und ihre Nachfolger), und von wo viel künstlerisches Schaffen ausging. Wir kennen auch mehrere Glaser, u.a. Meister «Heinrich, glaser capitaneus», jedoch ohne die einzelnen Personen mit bestimmten Werken in Verbindung bringen zu können.

XXIX. KAPITEL

HOLZSCHNITT
1521

Etwas ausser Programm steht ein Holzschnitt aus der beginnenden Reformationszeit. Er gehört zu einem Gedicht und ist ausserordentlich polemisch. Um der Vollständigkeit willen wird er hier erwähnt, obwohl man diese Umdeutung, dieses «Stimmungsbild», eher eine Bibelmühle nennen könnte.

Diese Reformationsschrift, eine Allegorie von der «Göttlichen Mühle», ist nicht wie es öfters getan wird[1], Utz Eckstein zuzuschreiben. Zwingli selbst wurde auch für den Autor gehalten; doch er schreibt in einem Brief vom 25. Mai 1521: «... Martinus Sänger id est ...» — Sie stammt also von dem Dichter und Stadtvogt Martin Seger aus Maienfeld[2], und erschien im selben Jahr (bei Christoph Froschauer in Zürich?).

Die Schrift ist in mehreren Ausgaben vorhanden, die aber wenig von einander abweichen. In der Schweiz befinden sich Druckexemplare in Bern[3] und Zürich[4]. Sie haben 244 Verse (Linien), und der Holzschnitt trägt die Überschrift:

> Das hond zwen sch-
> weytzer bauren gemacht. Fyrwar
> sy hond es wol betracht.

Sie ist ein Dialog in Gedichtform zwischen zwei Bauern.

Das Bild zeigt oben links in den Wolken Gottvater; unter ihm eine Mühle, von einem Bach getrieben. Christus, der mit einem spätgotischen Kreuznimbus versehen ist, schüttet aus einem Sack die Evangelisten in ihren Symbolgestalten nebst Paulus mit Schwert in den Mühlkasten.

Aus der Mühle kommen Schriftbänder mit den Worten «sterk»,

XXIX HOLZSCHNITT

«glaub», «lieb» und «hoffnung». Erasmus steht bei der Mühle und schaufelt die Schriftbänder in einen Sack, versehen mit einem «Mühlenmonogramm»[5]; auf dem Sack sitzt eine nimbierte Taube[6]. Hinter Erasmus steht Luther mit Tonsur; er hat aufgekrempelte Ärmel und knetet den Teig in einer Mulde. Im Jahre 1521 sah man in Erasmus noch einen Vorkämpfer der lutherischen Lehre. Hier ist also nicht Zwingli, sondern Luther und Erasmus dargestellt. Erasmus lebte von 1514 bis 1521 in Basel, wohin er später zurückkam.

Das Brot wird in Form von Büchern an Papst, Kardinal, Bischof und drei Mönche verteilt. Der Papst lässt mit abwehrender Gebärde die Bücher zu Boden fallen. Über den katholischen Geistlichen schwebt ein drachenähnlicher Vogel; «Ban, ban» krächzt er. Aus dem Hintergrund nähert sich Karsthans[7] den ablehnenden Geistlichen mit gehobenem Dreschflegel. Hier ist (wie in der Antike) der Mensch in der Welt — und nicht mehr die Welt im Menschen.

Wer den Holzschnitt angefertigt hat, wissen wir nicht; wir machen jedoch darauf aufmerksam, dass sich am Ende des genannten Druckes eine reizende Zeichnung mit der Jahreszahl MDXXI, umgeben von drei Putten, befindet. Der eine Putto trägt einen Schweizerdegen von demselben Typ, mit dem Niklaus Manuel seine Werke signierte. Niklaus Manuel, genannt Deutsch, war — nebst Urs Graf — Hauptvertreter der Schweizer-Kunst seiner Zeit; geboren in Bern 1484, gestorben ebd. 1530, produktiver Zeichner für Holzschnitzarbeiten, Maler — und Vorkämpfer der Reformation in Bern.

Mit Rücksicht auf Stil und Qualität ist es jedoch unwahrscheinlich, dass Deutsch selbst der Meister von unserem Holzschnitt zur «Göttlichen Mühle» ist.

XXX. KAPITEL

GRYTA
Wandgemälde (1487?), Nachtrag

Während der Drucklegung bin ich auf noch ein Hostienmühlenbild aufmerksam gemacht worden — und zwar auf ein Wandgemälde, das sich in Schweden befindet. Für diesen freundlichen Hinweis bin ich Frau Mereth Lindgren, Stockholm, ausserordentlich dankbar. Es ist — meines Wissens — das einzig erhaltene Hostienmühlenbild ausserhalb des deutschen Sprachraumes.

Gryta ist ein kleines Dorf in Hagunda Härad, Uppland; es liegt nordwestlich von Stockholm unweit von Uppsala. An der Nordwand des Turmraumes, der sich westlich an die mittelalterliche Dorfkirche anschliesst, befindet sich das Bild. Es ist äusserst fragmentarisch erhalten; doch ist es über jeden Zweifel erhaben, dass es sich hier um ein Hostienmühlenbild handelt.

Es gehört zum «Mettener-Typ», der ja auch in Norddeutschland am meisten verbreitet ist. Im Bilde selbst fehlen Gottvater und Verkündigung — da war kein Platz; dieses Fehlen aber ist keineswegs einmalig; in der Hl. Kommunion wird uns Christus in die Seele geboren (siehe auch S. 45). Die Symbolgestalten (von rechts nach links) des Lukas (Schriftband: lucas), des Matthäus und vielleicht des Marcus sind erkennbar; auch der Mühltrichter und das Kammrad sind sichtbar. Weiter sehen wir einige Apostel, die das Mühlwerk treiben; sie sind nimbiert, und zwei von ihnen haben (teilweise) erkennbare Gesichtszüge. In dem untersten Teil ahnt man einen calix (ministralis) — sonst ist dieser Teil völlig zerstört.

An die Südwand des Langschiffes, östlich in der Kirche (also nicht im Turmraum), ist folgende Inschrift gemalt: An doni m cdlxxxvii in die m m. Ob diese Jahreszahl (1487) auch als Entstehungsjahr für unser Gemälde anzusehen ist, bleibe dahingestellt

— jünger kann das Bild jedoch kaum sein. Es ist ziemlich derb und bedeutend unbeholfener gemalt als die meisten deutschen Hostienmühlenbilder der 2. Hälfte des 15. Jahrhunderts. Diese Unbeholfenheit gilt besonders für die Mühle und für die Evangelistensymbole. Wahrscheinlich war hier ein einheimischer Maler am Werk.

Die Symboltiere sitzen nicht im Trichter (wie meistens in Süddeutschland), sondern sie schweben eher darüber (wie in Norddeutschland). Zweifellos steht das Bild unter deutschem Einfluss; im 15. Jahrhundert pflegte Stockholm ja auch rege Verbindungen mit der Hanse in Norddeutschland, und da und aus dieser Zeit kennen wir ja etliche Hostienmühlenbilder (und -lieder).

Das Bild scheint kein Glied einer Gesamtkomposition zu sein (: die übrigen (sechs) Sakramente und/oder präfigurative Bildtypen fehlen); es scheint (wie auch das Wandgemälde in Steeg) losgerissen von seinem natürlichen Zusammenhang (: Sakramentshaus, Gnadenbild, Altar) zu stehen. Es bietet sich aber Platz für einen Altar — und ein solcher hat sicher auch hier gestanden (an diesem Ort aber wohl kaum ein Sakramentsaltar).

Soweit man es wegen des schlechten Zustandes des Bildes beurteilen kann, weicht es in keinerlei Weise von seinen fernen «Ahnen» ab; es ist völlig der «Theologie der Kunst» unterworfen. Weniger selbstverständlich ist seine Präsens in einem kleinen Dorf im hohen Norden, denn dies bedeutet, dass diese subtile Allegorie von der Mühle auch hier verstanden wurde — es zeigt uns die wundersame Universalität der sakralen «Hieroglyphen» im Mittelalter.

KOMMENTARE

I. VORAUSSETZUNGEN

1 *Ein in das 7./8. Jahrhundert zurückreichender Hymnus, der — besonders seit dem 10. Jahrhundert — bei der Einweihung von Kirchen des Mittelealters oft gesungen wurde und sich auch im «Breviarium Monasticum» und in den ältesten Pariser-Breviarien befindet. Ursprünglich war es ein Taufhymnus. «Vivis ex lapidibus», vgl. 1. Petr. II, 4 seq.*
2 *Siehe S. 22.*
3 *Um 1090—1153. Doctor mellifluus. Theologia crucis. Vertreter der mystischen Frömmigkeit.*
4 *Um 1182—1226. In ihm hat die bernhardinische Mystik seine Vollendung gefunden.*
5 *1221—1274. Doctor seraphicus. General und Erneuerer des Franciscanerordens. In ihm verbindet sich Mystik und Scholastik.*
6 *Hieronymus (um 347—420) braucht den Ausdruck «hominem passibilem» (siehe S. 113 und S. 119), der leidensfähige Mensch; ähnlich drückt sich Lactantius (um 250—340) aus (Epitome divinarum institutionum (38—41) um 314 (Patr. Lat. VI, 1017 seq.). Seit dem 13. Jahrhundert werden die Pantokrator- und Maiestas-Domini-Bilder seltener und werden von den Passions-Bildern abgelöst. Diese crucifixi dolorosi (im weitesten Sinne des Begriffes) sind unzweifelhaft von der syrisch-anastasischen Kunst beeinflusst, welche die Kreuzfahrer im Orient kennengelernt hatten.*
7 *Priorin der Augustinerinnen-Klöster zu Mont-Cornillon bei Lüttich.*
8 *Am 29. VII. 1261 wurde er gewählt, am 4. IX. s. J. gekrönt und starb am 2. X. 1264.*
9 *Doctor angelicus und Doctor eucharisticus genannt. O.P., geboren um 1225 und gestorben 1274. Seine Attribute, Kelch und Monstranz (Ostensorium), deuten auf das Fronleichnams-Offi-*

cium hin. Die mit der thomistischen Theologie verbundene Mystik, die mit der Scholastik in engem Zusammenhang zu sehen ist, wurde vor allem von den Dominikanern verbreitet. Siehe S. 86 und 87.

10 Es ist heute ein Fest 1. Klasse (mit priviligierter Oktav bis 1955) zu Ehren des Hl. Altar-Sakramentes. (Früher feierte man am Gründonnerstag die Erinnerung an die Einsetzung der Hl. Eucharistie als *natalis calicis*). Fest am Donnerstag nach Dreifaltigkeit (Bulle: *Transiturus de hoc mundo*). Die Bezeichnung Fronleichnam ist mittelhochdeutsch.

11 Veröffentlichung des clementinischen Fronleichnam-Dekretes (von dem Vienner-Koncil 1311—1312) durch Papst Johannes XXII.

12 «Was über uns ist, will geschaut sein ...», sagt der Hl. Bernhard (*De consideratione*).

13 Im Mittelalter *rota* (Rad) genannt, und als «sol salutis» verstanden. Die Gleichung: Rad - Sonne - Christus kommt durch die alte Antiphon «O oriens, splendor ...» vom 21. Dezember, dem Tag der Wintersonnenwende, zum Ausdruck. Wie alte Hostieneisen (*ferra oblatoria*) zeigen, waren die grossen — seit dem 9. Jahrhundert üblichen — Hostien im Mittelalter oft ähnlich gestaltet wie die Rad-Fenster (Mersmann, S. 101).

14 Diesbezüglich weise ich auf die kurzgefasste Bibliographie (hinten im Buch) hin; besonders: W. Preger.

II. GEISTIG VERWANDTE DARSTELLUNGEN

1 1167 Äbtissin des Chorfrauenstiftes Hohenburg auf dem Odilienberg im Wasgenwald (Elsass). Geboren um 1125, gestorben am 25. Juli 1195.

2 Ehemalige Klosterkirche, jetzt Stiftskirche, Sct. Gilgen, Kleinkomburg in Württemberg. Abbildung bei Alois Thomas: «Die Darstellung Christi in der Kelter» (Abb. 7) in «Forschungen zur Volkskunde», Heft 20/21, Düsseldorf 1935.

3 So bei Herrad von Landsberg (siehe Komm. 1) im *Hortus deli-*

ciarum (Fol. 241, p. 47 f., Pl. LXI) um 1175. Das Original (324 Pergamentblätter) samt einer Kopie verbrannten im August 1870 bei der Beschiessung von Strassburg, aber andere recht gute Kopien blieben wie die meisten der 336 Miniaturen erhalten. In derselben Handschrift finden wir ein Mühlenbild (Pl. XXX), es ist jedoch kein Hostienmühlenbild und bezieht sich auf Mt. XXIV, 40-41 und Lk. XVII, 34 seq.

4 *So auf einem Epitaphium der Familie Stör in der Sct. Lorenz-Kirche zu Nürnberg, 1479. Abbildung bei Prausnitz: Nr. 31 und 32. So in einem Gemälde (niederländischen Ursprungs) um 1511 in der Galerie Nostitz-Reineck in Prag. Und so auf einem Glasfenster in St. Etienne du Mont in Paris.*

5 *Isaias LXIII, 3. Torkel (lat.: torcular) für Weinkelter wird noch gebraucht — besonders zwischen dem Bodenseeraum und Tirol. Siehe Psalmi VIII, 1; LXXX, 1; LXXXIII, 1.*

6 *Apk. XIX, 15.*

7 *«Er wäscht im Weine sein Gewand, sein Kleid im Blute der Reben.»*

8 *Apol. I, 32 und Dial. 54 (um 155), (Otto: Corpus apologetarum christianorum saeculi secundi, Jena 1876—1881).*

9 *Demonstr. apst. praed., 57 (Ende des 2. Jahrhunderts).*

10 *adversus Marcionem, 4 (Corpus Christianorum seu nova patrum collectio 1, Turnhout-Paris 1953 seq.).*

11 *Epist., 63, 6 und 7 (W. Hartel: Corpus scriptorum ecclesiasticorum latinorum 3, 2, 207, Wien 1866 seq.).*

12 *Papst Gregorius I., Hom. in Ez., 1 (Patr. Lat. LXXVI, 942 B).*

13 *Rupert von Deutz: «De trinitate et operibus eius. In Isaiam II, 29» (Patr. Lat. CLXVII, 1357 C).*

14 *In ähnlicher Weise vollzog sich die Entwicklung der Hostienmühlenbilder.*

15 *Siehe Komm. 4.*

16 *Ambrosius (De Spir. s. 1, 1).*

17 *So ein Bild in der Ritterkapelle der Gumbertus-Kirche zu Ansbach (Franken) von 1511. Hier fallen Hostien an Stelle des Blutes in den vom Hl. Petrus gehaltenen Kelch; und dies geschieht nicht, weil die Kommunion sub utraque damals noch gebräuchlich gewesen wäre. Die Kommunion sub una war näm-*

lich schon seit dem 13. Jahrhundert in der abendländischen Kirche zum fast ausschliesslichen Brauch geworden und durch das Koncil zu Konstanz zum kirchlichen Gesetz erklärt worden (siehe S. 142).

18 E. Mâle: «*L'art religieux de la fin du moyen âge en France*», Paris (5. Auflage) 1949, Ill. S. 117).
19 Holzschnitt in Stuttgart 1500. Literatur siehe S. 154, 2, Abb. 45. Gemälde in Löwen, Anfang des 17. Jahrhunderts, siehe Gessler: «*De mystieke Wijnpers te Aarschot in Elders*», Löwen (2. Auflage) 1942, Tafel 9 — und C. de Clercq (siehe Komm. 21 unten).
20 So z. B. ein Deckenfresko in der Kloster-Kirche zu Roggenburg (Schwaben) von Franz Martin Kuen, um 1758.
21 Kelterbild, letzte Hälfte des 15. Jahrhunderts in der Taufkapelle («*Krämmerkapellet*») der Sct. Peterskirche zu Malmö (Skane). C. de Clercq: «*Le pressoir mystique d'Aarschot dans la tradition iconographique*» in «*Revue belge d'arch. et hist. de l'art*», VI, 1936, Fig. 3.
22 Man glaubte, Gregor I. habe für die Verehrung der imago pietatis einen erheblichen Ablass gewährt, den Urban VI. auf alle Nachbildungen ausdehnte.
23 Das Herz-Jesu wird übrigens auch oft als Urquell des Altar-Sakramentes interpretiert (vgl. einen Holzschnitt des 15. Jahrhunderts im Kupferstich-Kabinett in Berlin). Für die ganze Kirche wurde die Verehrung jedoch erst mit Decret vom 23. August 1856 für verbindlich erklärt. Ihre Wurzeln gehen jedoch ins 13. Jahrhundert zurück (der Sel. Prämonstratenser Hermann und Mechtild von Magdeburg).
24 Dieser Gedanke (Maria als Gottesgebärerin) wurde als Dogma auf dem 3. Ökumenischen Koncil zu Ephesus festgelegt (431). Es ist der Kern aller Mariologie. Nach dem Schisma (1054) übernahm die Westkirche die Führung in bezug auf Marien-Verehrung, die mit den Cisterciensern gipfelte. In der Lauretanischen Litanei, die in das 12. Jahrhundert zurückverfolgt werden kann, ist die Ehrenbezeichnung «Gottesgebärerin» auf den ersten Platz gestellt.
25 Hl. VII, 3 (= Cant. Cant. VII, 2).

26 Die Lilie ist Symbol der Reinheit; lilium candidum und lilium inter spinas (Cant. Cant. II, 2). Diese Bezeichnungen sind auch Ehrentitel, die in den Gottesmutter-Hymnen zu finden sind. Und in einer Oratio devota (12. Jahrhundert) heisst es: ... Vas electum creatoris, medicina peccatoris ...

27 Jakob von Sarug (451—521), Bischof von Batnan (Sarug, Syrien), «Die Flöte des Heiligen Geistes» und «Die Harfe der bekennenden Kirche» genannt. Liturgiker, Schriftsteller und Dichter (Bibliothek der Kirchenväter, Bd. VI, Kempten 1911 seq., S. 287).

28 Heinrich von Laufenburg (öfters Laufenberg genannt). Geboren um 1390 in Laufenburg (an der jetzigen Grenze: Baden - Aargau), gestorben 1460 in Freiburg i. Br., wo er von 1429 bis 1445 Decan war. Zu seiner Zeit bedeutender Vertreter des geistlichen Liedes in Deutschland. Ph. Wackernagel: «Das deutsche Kirchenlied» II, Leipzig 1867, Nr. 704.

29 Marmorskulptur, letztes Drittel des 15. Jahrhunderts von Pietro Antonio Solari für den Mailänder-Dom, Maria Nascente, angefertigt. Sie wurde lange für verschollen gehalten, ist aber vielleicht in einer Marmorskulptur des Castello Sforzesco in Mailand wiederzuerkennen. Die erwähnte Inschrift, die auf dem Gürtel (Sinnbild der Keuschheit) der Madonna eingehauen ist, wurde nicht genau nach dem Hohenlied wiedergegeben; da heisst es: «Pulcra ut luna, electa ut sol.»

30 So auf einem Bild um 1475 der salzburgischen Schule im Nationalmuseum München. Abbildung bei Alois Thomas: «Die Mystische Mühle» in «Die christliche Kunst», 31. Jahrgang, 1934/35, Deutsche Gesellschaft für christliche Kunst, München, S. 130.

31 So ein reich ausgestattetes Bild um 1500 (picardisch) im Musée de Cluny, Paris. Abbildung bei Obengenannten (siehe Komm. 30), S. 133.

32 Oft als Tempeljungfrau — mit vor der Brust gefalteten Händen — gezeigt (Zeichen der Unschuld). So auf einem Holzschnitt um 1450 in der Staatlichen Graphischen Sammlung in München.

33 Der Ausdruck wurde von dem Priester Konrad schon im 12. Jahrhundert in einer Predigt gebraucht. In derselben Predigt

wurde Maria «der hailige acher» genannt. Siehe auch R. Berliner: «Zur Sinnesdeutung der Ährenmadonna» in «Die christliche Kunst» 26, 1930, S. 97-112.

34 Analecta hymnica medii aevi XXIV, Historiae rhytmicae, Liturgische Reimofficien des Mittelalters LV. Folge, Leipzig 1896. Hymne 6: De Corpore Christi (aus dem 14. Jahrhundert) in 2. Nocturno, Responsoria 4.

35 Das Brot der Eucharistie wurde vor dem 15. Jahrhundert selten durch Ähren symbolisiert — später öfter.

36 Von andern Bildern mit demselben Gedankengehalt nenne ich folgende: Holzplastik, 2. Hälfte des 15. Jahrhunderts, unbekannter niederländischer Meister; Prämonstratenser Abtei, Duisburg-Hamborn. — Sandsteinfigur, 2. Drittel des 15. Jahrhundert, kölnisch; Marienkapelle des Kölner Doms. — Nussbaumholz-Skulptur, Ende des 15. Jahrhunderts, Meister von Elsloo; Katholische Kirchgemeinde St. Wilibord in Rindern (bei Kleve).

37 Ehrentitel der Lauretanischen Litanei. Bei Adam von Saint-Victor (gestorben 1192) heisst es: Salve, mater salvatoris, / Vas electum, vas honoris, / Vas caelestis gratiae; — (In nativitate beatae Mariae sequentia).

38 Vgl. «benedictus fructus ventris tui». In einem Hymnos Akathistos (gr.: nicht sitzend) zur Gottesmutter heisst es: «Gegrüsst, Du Raum des unräumlichen Gottes.» — «Gegrüsst, Du Gefäss der Weisheit Gottes.» — «Gegrüsst, Du Zelt Gottes und des Wortes.»

III. VORLÄUFER

1 Richard von S. Victor, Mystiker, Subprior (1159), später (1162) Prior des berühmten Augustinerkonvents St. Victor in Paris; er starb 1173. Das Citat ist seinem «De gratia contemplationis» II, XVII entnommen: «Niemals könnte sich aber die Vernunft zur Betrachtung des Unsichtbaren erheben, wenn ihr nicht die Phantasie die Formen der sichtbaren Dinge vergegenwärtigte und zeigte ...»

2 So der Hl. Ambrosius: Expos. in Lucam, lib. VIII, 48 (Patr. Lat. XV. 1870).
3 Siehe S. 33, Strophen 5 und 6.
4 Klostergründung um 860. Kirche Ste. Madeleine 1096—1206.
5 Abbildung im Lexikon der christlichen Ikonographie, Herder, Freiburg i. Br. 1968 seq., Bd. III, 298.
6 1086—1151, Abt von S. Denis seit 1122 (Reichsverweser de facto 1147—1149). Er begann die Gotik aus ihrer Hülle zu wickeln.
7 Der Chor wurde 1144 konsekriert; es ist aber nicht feststellbar, ob damals die Fenster schon fertig waren.
8 J. von Schlosser: «Quellenbuch zur Kunstgeschichte des Mittelalters», Wien 1896, S. 280. «Sugerii abbatis S. Dionysii liber de rebus in administratione sua gestis», cap. 32. Patr. Lat. CLXXXVI, 1237 B.

Auf einem andern Fenster unmittelbar darüber stand:

Quod Moyses velat	Was Moses verhüllt,
Christi doctrina revelat	das enthüllt die Lehre Christi;
Denudant legem	die, welche die Decke des Moses
Qui spoliant Moysem.	aufheben, entschleiern das Gesetz.

Hier schwingen wohl schon Gedanken von dem zerrissenen Tempelvorhang mit — stärker doch die mystisch-eschatologischen Spekulationen über den religiösen Konflikt, Gedanken, wie wir sie bei dem Hl. Bernhard von Clairvaux treffen (Epistula (um 1148, also fast gleichzeitig mit dem Glasgemälde) 363, 6; Patr. Lat. CLXXXII, 564).

9 Um die Mitte des 12. Jahrhunderts im gallo-romanischen Stil.
10 Die Kathedrale war dem Hl. Trophimus geweiht. Er war Heidenchrist und begleitete den Hl. Petrus auf der letzten Jerusalem-Reise (Apg. XX, 4 und XXI, 29; 2. Tim. IV, 20). Der Überlieferung nach war er Apostel Arles', kam später nach Rom, wo er unter Nero zu Tode gemartet wurde.
11 E. Mâle: «L'art religieux du XIIe siècle en France», Paris 1924. S. 167.
12 Heinrich von Laufenburg (siehe S. 157, 28) singt von «daz edel weissenkorne» und «reinem Simmelmeal» (siehe S. 30).

13 So bei Lk. IV, 4 und besonders stark bei Jo. VI, 26-58.
14 «Tollis agendo molam ...» (siehe S. 22).
15 Jo. I, 17.
16 «... Perpetuusque cibus noster ...» aus der Inschrift «Tollis agendo molam ...» (siehe oben). Vgl. Jo. VI, 48-58.
17 Hl. Eucherius (gestorben 452): «Formulae spiritalis intelligentiae» 7, 1 (bei J. B. Pitra: «Analecta», II, 531) und «Formulae ...» 7, 35 (Pitra, ebd., 533).
18 Z. B.: Nm, XXI, 9 — Jo. III, 14; Jon. II, 1 — Mt. XII, 40. Siehe auch Lk. XXIV, 44-45 und 2. Kor. III, 13-16. Im tiefsten und mystischen Sinne ist das Neue Testament zugleich Anfang und Ursprung des Alten, und es weist auf die Ewigkeit bei Gott hin.
19 Pontius Meropius Anicius, genannt Paulinus. Geboren 353, Bischof von Nola (Campanien) 409, gestorben 431. F. Lagrange: «Histoire de St. Paulin de Nole», Paris 1884. W. Hartel: «Corpus scriptorum ecclesiasticorum latinorum» (29/30), Wien 1868 seq.
20 Ja, reicht sogar ins 4. Jahrhundert zurück (Lipsanothek um 360, Brescia) mit Ansätzen in der katakombischen Sarkophagkunst als Metaphoren der Auferstehungshoffnung. Besonders in der vortheodosianischen Zeit wird oft nur der präfigurative Typus (das Verheissungsbild) gezeigt. In S. Vitale in Ravenna sind die präfigurativen Bilder zur Eucharistie im Altarraum dargestellt als Opfer Abels, Melchisedeks und Abrahams (vgl. Sct. Nikolaus, Mundelsheim, Kap. XIII). Hier in diesen «Garantiebildern» der frühchristlichen Zeit, wo die Anti-Typen oft fehlen, wird der Symbolwert der Darstellungen in sehr deutlicher Weise offenbar.

IV. DIE MÜHLENLIEDER

1 Adelheid, Klosterfrau (vielleicht Adelheid Langmann von Engelthal (bei Nürnberg), Mystikerin, ehemalige Begine, gestorben 1375).

KOMMENTARE ZU SEITE 27—30

2 *Pfarrherr zu Höxter, später zu Sct. Blasien in Quedlinburg (Bezirk Halle), gestorben 1569.*
3 *«Gegeben zu Quedlenburg / am tage Andreae Apostoli / Anno 1552», das heisst am 30. November 1552. (Nach Boving befindet es sich in der Universitätsbibliothek zu Rostock (Fm. 3808)).*
4 *Nämlich von der Mühlenallegorie.*
5 *Hl. Maximus, Bischof zu Mainz, gestorben 378.*
6 *Das danach folgende Citat stammt jedoch aus Lk. XVII, 35.*
7 *Handschriften, in der Benediktiner-Abtei Corvey aufbewahrt. Das Kloster wurde 1802—1803 säkularisiert. Die Reste der Kloster-Bibliothek wurden 1811 der Universitätsbibliothek Marburg übergeben; bei dieser Gelegenheit sind die Handschriften wahrscheinlich verlorengegangen.*
8 *«semen est sanguis Christianorum» (Tertullianus).*
9 *Das Lied geht vielleicht auf ein apokryphes Danielbuch zurück. H. Maync: «Die altdeutschen Fragmente von König Tirol von Schotten und Fridebrant», Tübingen 1910. S. 32 seq.*
10 *Wackernagel (siehe S. 157, 28) II, 419.*
11 *Siehe S. 10 seq.*
12 *Dichter, wahrscheinlich aus Ulm.*
13 *Jo. I, 14. Diese Gedanken waren schon beim Hl. Ambrosius vorhanden: Christus als Weizenkorn auf Marias Acker; hier fügt er Jo. XII, 24 hinzu. Patr. Lat. XVI, 327.*
14 *Daniel: «Thesaurus hymnologicus», IV, 261.*
15 *Wackernagel: «Das deutsche Kirchenlied», II, 901.*
16 *Jo. VI, 48-51.*
17 *Meistersinger und gelehrter Dichter. Sein «Die Mül» ist zwischen 1415 und 1433 geschrieben worden. E. von Groote: «Lieder Muskatblüts», Köln 1852, Nr. 29. Wackernagel (a. a. O.), II, 651. Muskatblüt hat das Konstanzer-Koncil (1414—1418) besucht; auf diesem Koncil wurde (1415) die Kommunion «sub utraque specie» verdammt (Bulle: «In eminentis» von Papst Martin V.). Vielleicht ist der Dichter hier zu seinem Mühlenlied inspiriert worden.*
18 *Wackernagel (a. a. O.), II, 704. E. R. Müller: «Heinrich Laufenberg» (Strassburger-Dissertation 1888) 22, n. 27.*

19 Am Karfreitag, in der 9. Stunde (d. h. um 3 Uhr nachmittags).
20 So H. Schulz in «Zeitschrift für bildende Kunst» 63, 1929, S. 214. Die These der George-Schule (E. Landmann), dass die Dichtung immer und überall den Primat vor der bildenden Kunst habe, ist sicher zu rigoros, obwohl es sehr oft der Fall sein kann.
21 Ulrich Steinmann: «Das mittelniederdeutsche Mühlenlied», Rostocker Dissertation, im Jahrbuch des Vereins für niederdeutsche Sprachforschung, LVI/LVII, 1930—1931, S. 60 seq.
22 A. Thomas (siehe S. 157, 30).
23 Wilhelm Durandus, 1286 Bischof zu Mende (frz. Dep. Lozere). Er starb 1296.
24 Rationale divinorum officiorum. Die Anfangsworte des Rationale lauten: Alles, was in kirchlichen Diensten und Dingen an Ausstattung vorkommt, ist voll von göttlichen Hinweisen und Geheimnissen, und jedes einzelne atmet himmlische Süsse. Doch nur wenn sie einen aufmerksamen Betrachter finden, der versteht «den Honig aus dem Felsen und das Öl aus dem härtesten Gestein zu saugen» (Deut. XXXII, 13). — Hier kristallisiert sich die mittelalterliche Kunstanschauungsweise.
25 Hier wird also der rememorative Interpretations-Aspekt erwähnt (die Allegorie der Vergangenheit); parallel damit läuft zugleich der anagogische Aspekt: die himmlische Liturgie (die Allegorie der Ewigkeit).
26 Das Holz ist zugleich Symbol des Lebens und des Kreuzes.
27 Psalmus XLII, 3: «... in montem sanctum tuum ...» bezieht sich auf das Stufengebet. Libanon ist das Schlüsselwort, das den Anfang des Stufengebets mit dem Confessio verbindet; ligna crucis: palma, cedrus, cypressus, oliva. Die Mühle wird aus denselben vier Hölzern wie das Kreuz aufgebaut; das bedeutet, dass in der Mühle, in der sich die Wandlung vollzieht, der Opfertod Christi wiederholt wird. Das Abendmahl schliesst das Kreuz ein. Die vier Hölzer gehören zu den paradiesischen Pflanzen, die Sir. XXIV, 13-14 (Ecclesiasticus XXIV, 17-19) bei dem Lob der höchsten Weisheit nennt.
28 Die Ceder galt als das unverwesliche Reinigungsholz (Lv. XIV, 4-6 und Nm. XIX, 6) und crux oder stipes (das tragende Holz

des Kreuzes (gr.: stauros)); vgl. Jacobus de Voragine, O.P. (siehe Bibliographie); er spricht in seiner «Legenda aurea» von «vierlei Holze» des Kreuzes (S. 351); er starb 1298 als Erzbischof von Genua. Aus Cedern wurde der Tempel Salomons gebaut (1. Kg. V seq. (Vulg.: III Reg. V seq.)).

29 Die Cypresse war Trauerholz und Patibulum (Querbalken des Kreuzes).

30 Die Palme war Siegesbaum und Suppedaneum (Fussbrett). Das Fussbrett wird auch scabellum (Schemel) genannt (Psalm XCVIII, 5 und Psalm CIX, 1 und weiter bei Matthäus V, 7 und in Act. Apost. VII, 49). Der Schemel war Herrscher-Symbol.

31 Der Olivenbaum war Holz des Friedens (Gen. VIII, 11) und Inschriftsholz (titulus oder tabula ansata) des Kreuzes.

32 Die vier Kirchenväter wurden von Papst Bonifacius VIII. (1294—1303) im Jahre 1298 offiziell als «quator doctores et columnae ecclesiae latinae» anerkannt und zusammen mit den Evangelisten und Aposteln als Vertreter des Neuen Bundes betrachtet.

33 Die Epistel ist die Lehre der Apostel, sagt Durandus in seinem «Rationale divinorum officiorum» IV, c. 16, 1. Jeder von ihnen bringt — nach der Tradition — einen Artikel des Symbolums zum Ausdruck. Vgl. den Missionsbefehl (Mt. XXVII, 19).

34 Bei Durandus (siehe oben VII, 44) heisst es: «... Porro hi quator (Evangelistae) significati sunt per praedicta quator flumina: per physon Joannes, per gyon Matthaeus, per tygrim Marcus, per eufratem Lucas.» (Die Flüsse sind wahrscheinlich Kura, Arax, Tigris und Euphrat, obwohl man sie nicht an erster Stelle als geographische Begriffe auffassen soll.) Und Winnigstedt sagt: «Die vier Reuer dieses Brunnens sind die vier Euangelia Christi.» Siehe auch Kap. XXIII, S. 189,18.

35 Der Weizen im Sack ist die Hostie im Corporale. Corporale: ein weisses Leinen-Tuch, worauf die Hostie gelegt wird. Leinen, weil es gleichsam von der Erde hervorgebracht sei — so wie Christus auf Marias Acker hervorgewachsen ist. Winnigstedt (a. a. O.): «Durch den weissen wil er hie verstehen Christus Gottheit / durch den sack aber seine menschheit.» Das Corpo-

rale ist zugleich Windeltuch des Erlösers und Grabtuch des Gekreuzigten (vgl. Matthias Grünewald: «Maria mit dem Kinde» von dem Isenheimer Altar (1515)). Krippe und Kreuz verschmelzen in der Konsekration. Der Isenheimer Altar entstand im Elsass, der Heimat der mystischen Gottesfreunde. In der byzantinischen Kunst ist die Krippe oft als gemauerter Opferaltars dargestellt. Aus weissem Leinen (: siegreiche Reinheit) sind auch die Kleider der Auserwählten (Apk. XIX, 8).

36 Nach Vulgata (Isai. VII, 14): Emmanuel (hebr. Immanuel). Diese Schriftstelle ist die Vorlage für den Kommunionsgesang am Quatembermittwoch im Advent und am vierten Advent. Der Hl. Cyrill von Alexandria (gestorben 444) sah in diesem Namen die Vereinigung beider Naturen in Christus (De Incarnatione Unigeniti, Patr. Graec. LXXV, 1201).

37 Ein Lobgesang für die Sonne der Gerechtigkeit (vgl. Mal. III, 20). Er hat «den Westen zum Osten zurückgebracht und den Tod zum Leben gekreuzigt» (Titus Flavius Clemens (Alexandrinus), geboren um 150, gestorben um 220). Die zunächst am 6. Januar gefeierte Erinnerung an Christi Geburt wurde im Jahre 354 auf «octavo Calendas Januarii», das heisst auf den 25. Dezember verlegt («Depositio episcoporum»), um die an diesem Tag begangene heidnische Kultfeier des sol invictus (natalis solis invicti) zu verdrängen. In der Heiligen Schrift ist kein genaues Datum für Christi Geburt genannt, und es war auch für die ersten Christen unwichtig; für sie war wichtig, dass der Sohn Gottes zu uns herniederstieg — ein kalendarisch festgelegter Zeitpunkt war für sie von sekundärer Bedeutung.

38 Vgl. den Zusammenhang mit Strophe 9 (siehe S. 163, 34). In den folgenden vier Strophen werden die vier Evangelisten genannt; jeder holt aus dem Sack (d. h. deutet) eines von den Glaubens-Geheimnissen, woraus das Himmelsbrot besteht. Die vier Strophen (17—20) geben das Centrale im Messeverlauf wieder, wie es in den Messe-Erklärungen zum Ausdruck kommt. Schon im 2. Jahrhundert wurden die vier Cherubim-Gestalten bei Ezechiel I, 5 seq. und in der Apk. IV, 6 seq. auf die vier Evangelisten bezogen. (Irenäus: Contra haereses III, 11, 8 (Patr. Graec. VII, 886)), und später bei anderen Vätern wie Hierony-

mus (Patr. Lat. XXVI, 15 seq.), Gregorius M. (Patr. Lat. LXXVI, 815) u. a. Pseudo-Hieronymus sagt: «Christus etenim homo nascendo, vitulus moriendo, leo resurgendo, aquila ascendendo» (Praefatio in Marcum), wiederholt bei Innocens III. (Sermo III: In communi de Evangelistis). In Lydien wurde in neuerer Zeit ein Marmorblock aufgefunden, der folgende, auf Christus bezogene Inschrift trägt:

Ὡς ἄνθρωπος ἔπαθεν, ὡς λέων ἐνίκησεν,
ὡς ἀετὸς ἐπετάσθη, ὡς μόςκος ἐτύθη.

(Er litt als Mensch, siegte wie ein Löwe, entflog wie ein Adler, wurde geopfert gleich einem Stier.)
39 *Der Legende nach erweckte der Löwe am dritten Tag seine Jungen durch Anhauchen (Pysiologus).*
40 *Der Legende nach konnte der Adler am höchsten fliegen — und die Sonne anschauen (Aristoteles).*
41 *Hiermit sind kaum die irdischen Schutzherren gemeint, sondern die himmlischen, die Dreifaltigkeit, die — nach Durandus (Rationale divinorum officiorum c. 59, 8) und seit Papst Pius V. allgemein — nach dem «Ite, missa est» und vor der letzten Benediktion angerufen wird: «Placeat tibi sancta trinitas ...». In der bildenden Kunst ist die Dreifaltigkeit — wenigstens seit dem 10. Jahrhundert — oft in Menschengestalt dargestellt, der Heilige Geist jedoch öfter als Taube (oder als Buch). Der in dieser Strophe genannte «prediker» ist der Heilige Geist, der Paraklet (Ioann. XIV, 26 und Act. Apost. II, 4).*
42 *f. 85 b.*
43 *Wie auch A. Thomas (siehe S. 157, 30) S. 134.*
44 *Steinmann (siehe S. 162, 21) S. 106.*

V. DIE HOSTIENMÜHLENBILDER

1 *E. v. Groote: «Lieder Muskatblüt's». Cöln 1852. Marienlied Nr. 29, Strophe III.*
2 *Siehe Kap. III.*

KOMMENTARE ZU SEITE 41—49

3 Viele von den im allgemeinen als Fresken benannten Bildern sind nicht «al fresco» — sondern «al seco» gemalt.
4 Siehe Kap. VI.
5 Ja, in der Tat gibt es keinen «Prototyp» im Sinne eines unabänderlichen Vorbildes.

VI. TYPEN

1 Analecta hymnica medii aevi I, 63:
   Siehe, aus der gleichnishaften Mühle
   des oberen (d. h. des himmlischen) Müllers
   kommt Mehl, voll von (edlem) Geschmack,
   indem zu einer Blüte
   das Reis Jesses (vgl. Js. XI, 1)
   eine Knospe ansetzt.
2 Ikonologie im Sinne kunstgeschichtlicher Hermeneutik (ähnlich wie der Begriff «Dokumentsinn» («Wesenssinn» oder «intrinsic meaning») bei Panofsky.
3 Scivias = Sci vias Domini (Wisse die Wege des Herrn). Siehe auch S. 183,15.
4 Creatio als Segen verstanden (erst in zweiter Linie als Werk), denn das Wort Gottes ist der Schöpfer. Deshalb die segnende Hand (und nicht die werkende) in den meisten mittelalterlichen Schöpfungsbildern, die auch als Heilsbilder zu interpretieren sind; denn Schöpfung ist (in anagogischer Bedeutungsdimension) zugleich als Verheissung der Erlösung zu verstehen (siehe auch S. 106).
5 Die Zahl 7 wurde auf dem Koncil zu Basel in 1439 festgelegt.
6 Zu diesen Bildern gesellte sich die Wormser-Tafel (Kap. XXII), die jedoch nicht mehr vorhanden ist — und die ebenfalls verschollene Paduaner-Tafel (Kap. XIX); in letzterer war der Passionscharakter in anderer Weise ausgedrückt.

VII. METTEN

1 *Lat.: Minium, d. h. Menning. Ein Miniator war ursprünglich der, der mit Menning oder (roter) Farbe die Titel und Initialen der Handschriften malte.*
2 *Clm. 8201.*
3 *Fol. 37 r.*
4 *Conceptio per aurem.*
5 *Ps. XLV, 11.*
6 *Man spricht von antropomorphen Gestalten, wenn diese — wie hier — in Menschengestalt erscheinen, obwohl mit Köpfen ihrer Symboltiere.*
7 *Seit dem 8. Jahrhundert wird die Bezeichnung «Patres ecclesiae latinae» meist auf Ambrosius (gestorben 397), Hieronymus (gestorben 420), Augustinus (gestorben 430) und Gregorius I. (gestorben 604) begrenzt.*
8 *Es war eher ein Bestreben, die Komposition aus der Bildfläche heraus, als in die Bildfläche hinein (wie wir es gewöhnt sind), zu entwickeln. Im deutschen Raum entfaltete sich überhaupt das ernste Interesse für die Perspektive (in unserem Sinne) erst recht im Laufe und am Ende des 15. Jahrhunderts. Für das Mittelalter (und das gilt besonders für das Früh- und Hochmittelalter) war der Wirklichkeitsbegriff nicht mit der Naturwirklichkeit identisch.*
9 *Das heisst «Der Allerverborgenste». Nur Gott allein ist nicht an Zeit und Raum gebunden. Er ist «Der Seiende», Jahwe, l'Eternel.*
10 *In der mozarabischen Liturgie wurden die Hostienpartikel nach der Brechung (fractio panis) in Kreuzform auf die Patene gelegt, und jeder Partikel bedeutete ein Geheimnis. Es waren 9 Hostienteile, wovon 7 ein Kreuz bildeten (Secundum Regulam B. Isidori; Patr. Lat. LXXXV, 557). Hier wird der Charakter der Hl. Messe als Erlösungs-Mysterium in eminenter Weise offenbar.*

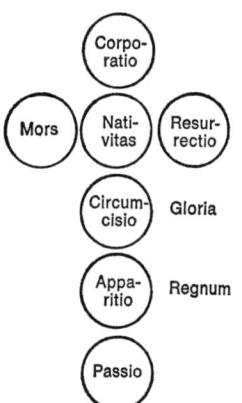

HOC FACITE IN MEAM COMMEMORATIONEM. Die
Hl. Messe ist memoria passionis et resurrectionis.
(«Nativitas» in dem Schnittpunkt des Kreuzes bedeutet sowohl
die Geburt für die Welt (in die Zeit aus der Ewigkeit) als auch
die Geburt für den Himmel (in die Ewigkeit aus der Zeit)).

VIII. GNADENTAL

1 P. Msc. 19/fol. Tfl. 35/41.
2 Liber gradualis, liturgisches Buch, enthält die Melodien für die im Hochamt zu singenden Texte (Introitus, Graduale, Alleluja, Offertorium und Communio).
3 Die künstlerischen Beziehungen zwischen Frankreich und Böhmen waren im 14. und 15. Jahrhundert nicht unbedeutend.
4 Im Kanton Aargau, Schweiz. Das Kloster wurde 1841—1843 vorübergehend, 1871 endgültig aufgehoben.
5 Im Kanton Luzern. Diese Abtei wurde schon am 13. April 1848 aufgehoben und das ganze Vermögen eingezogen; ausserdem wurden viele Gegenstände zu Spottpreisen verschachert.
6 fol 1 r.
7 Psalmus XXIV, 1.
8 mit Korb.
9 mit Rad.
10 Sehr alte Formel in unmittelbarem Zusammenhang mit der Konsekration (vgl. I. ad Timotheum, III, 9 und Jungmann: Missarum sollemnia II, S. 242 seq.).
11 Der Buchstabe A ist Anfang des Graduale und Auftakt zum Introitus (Ad te levavi ...); er ist auch Anfangsbuchstabe des Alphabetes und des Namens Andreas' — unter den Aposteln (vgl. Jo. I, 37 und 40) der Erstberufene (Protokletos), Credo-Apostel für Christus und Apostolus Crucis. Das Missale-Fest Andreas' (der 30. November) fällt um den Anfang des Advents. Blau ist der Abglanz der vita coelestis.
12 In vielerlei Beziehungen nahmen die «Libri Carolini» eine Sonderstellung ein. Es war aber auch eine dogmatische und kunst-

philosophische Programmschrift in dem Bilderstreit mit ziemlich «progressiven» Anschauungen, die teilweise gegen den Zeitgeist stiessen (die Kunst sei principiell nur «ars mundana» und «memoria rerum gestarum»). Die «Libri» wurden im Jahre 791 geschrieben, wahrscheinlich von Theodulf, seit 787 Bischof von Orléans (und nicht wie öfter angenommen von Alcuin). Die Bücher waren hauptsächlich gedacht als Gegenschrift gegen die Koncilsbeschlüsse am zweiten Nicaeanum im Jahre 787 (der Bilderstreit). Als «corpus delicti» lag den karolingischen Hoftheologen bloss eine — von Papst Hadrian I. übersandte — schlechte lateinische Übersetzung der griechischen Koncilsbeschlüsse vor (so wurde z. B. «proskynesis» mit «adoratio» übersetzt). In den «Libri Carolini» ist oft ein ziemlich scharfer Ton zu spüren: «Denn in Gefässen, nicht in Bildern, wird Gott das Opfer dargebracht ...», kann man in diesen Schriften lesen. Stifter und Künstler haben es verstanden, aus dem «Entweder-oder» ein «Sowohl - als auch» der gottesdienstlichen Praxis zu machen. — Zur Zeit der Hostienmühlenbilder waren diese vereinzelten Töne (im Geiste der «Libri Carolini») längst verklungen.

So schreibt Johannes Tauler (O.P., um 1300—1361), einer der bedeutendsten Mystiker des deutschen Mittelalters: «Damit wir nun solches nicht etwa vergessen ... so reizet und locket uns die heilige Kirche nicht allein mit Schriften und dem täglichen Opfer auf dem Altar, nämlich mit der heiligen Messe, sondern auch durch die heiligen Bilder, welche durch uns schwache und vergessliche Leute gleichsam mit der Hand dahin führen ...» Und Heinrich Seuse (oder Suso, O.P., um 1295—1366), Taulers geistiger Bruder: «Wiewohl die Wahrheit an sich selbst bloss und ledig sei, dennoch so ist uns von unserer natürlichen Eigenschaft angeboren, dass wir sie in bildlichem Gleichnis nehmen müssen ...» Ohne das Bild droht uns das Versinken in das Abstrakte — doch das Wort ist Fleisch geworden.

13 *In der orthodoxen Kunst ist die Ikone ein ausgesprochenes Verklärungsbild; «Denkmal wunderbaren Glanzes» (Liturgie zum Sonntag der Orthodoxie). Siehe auch Johannes von Damaskus, Orationes pro sacris imaginibus I (Patr. Graeca XCIV, 1249)*

und vgl. Nicaeanum II (787) und das 8. ökumenische Koncil zu Konstantinopel (843).
14 *Der gottselige genannt. Augustiner-Chorherr, Mystiker, bedeutendster Vertreter der «Devotio moderna», gestorben im Kloster Agnetenberg bei Zwolle im Jahre 1471.*

IX. ERISKIRCH

1 *H. Eggert: «Die spätgotischen Wandmalereien der Pfarrkirche zu Eriskirch.» Schriften des Vereins für Geschichte des Bodensees und seiner Umgebung, Heft 61, 1934, S. 66 seq. R. Schmidt: Tätigkeitsbericht des Württembergischen Landesamtes für Denkmalpflege über das Jahr 1934, S. 23 seq.*
2 *Siehe Kapitel VI.*
3 *Hl. Irenäus, bedeutendster Theologe (Vater der Dogmatik) des 2. Jahrhunderts. Gestorben um 202. Adv. haer. 4, 21.*
4 *Diese Worte haben grosse Bedeutung für die Kunst im Mittelalter gehabt; auch in der Kunst sollte nichts Zufälliges sein.*
5 *Eine sitzende Madonnafigur vom Nikopoia-Typ auf der Evangelienseite.*

X. LOFFENAU

1 *Heute evangelisch.*
2 *Kreis Calw, Württemberg.*
3 *Also auf der Evangelienseite.*
4 *Eine seit Ende des 14. Jahrhunderts bekannte Darstellung (eine trinitarische Erweiterung des Schmerzensmannbildes), die die «opera trinitatis ad extra» betont und unter Einfluss franciscanischer Mystik entstanden ist. Der Vater gibt im Erbarmen mit uns seinen eingeborenen Sohn dahin — und nimmt ihm zugleich als Sühneopfer an.*
5 *Dieses Fest wurde im Abendland seit dem 8. Jahrhundert reci-*

piert. Aus der Kreuzerhöhungs-Liturgie der Ostkirche: Heute wird das Kreuz erhöht und der Kosmos wird geheiligt. Denn Du, Christus, der Du mit dem Vater und dem heiligen Pneuma thronst, hast an ihm die Hände ausgebreitet und den ganzen Kosmos zu deiner Gnosis geführt. Vgl. S. 68.

6 *Der Hl. Bernward, der in der Kraft des Kreuzes lebte und starb, liess 1015 für die Sct. Michaels-Kirche zu Hildesheim zwei gewaltige Bronzetüren (je 472×115 cm) anfertigen — je in einem Guss. Hier stehen acht Reliefs des Alten Testamentes und acht Reliefs des Neuen Testamentes einander gegenüber, und zwar so, dass der Baum des Verhängnisses im Garten Eden und der Baum der Verheissung auf Golgatha auf einander bezogen sind.*

7 *Von links nach rechts.*

8 *Beschriftet, aber unlesbar.*

9 *Man kennt es sonst nur von dem naheliegenden Malmsheim.*

10 *Die Bischöfe sind die Nachfolger der Apostel durch die apostolische Succession. Sie führen den Missionsbefehl Christi an die Zwölfboten (Mt. XXVIII, 19-20) weiter aus.*

11 *Seit 1120 (Heinrich V.) wurde der Imperator jedoch nicht mehr als Sacerdos angesehen.*

12 *Nord: Ambrosius - Mensch; West: Augustinus - Löwe; Süd: Hieronymus - Stier; Ost: Gregorius - Adler. Eine solche Zusammenstellung der vier Kirchenväter und der vier Evangelistensymbole ist durchaus nicht einmalig in der mittelalterlichen Kunst; vgl. z.B. den Kirchenväter-Altar in der Kirche zu Bibra bei Meiningen (fränkische Werkstatt (Tilman Riemenschneider-Schule), Ende des 15. Jahrhunderts).*

13 *Ein seit Anfang des 12. Jahrhunderts verbreitetes Thema. Ältestes Beispiel ist in einem gallicanischen Missale des 8. Jahrhunderts zu finden. Allgemeine Verbreitung fand das Thema — wie gesagt — seit Anfang des 12. Jahrhunderts. Die literarischen Wurzeln (und die «Verteilung» der Glaubensartikel auf die Zwölfboten) sind wahrscheinlich in einer Pseudo-Augustinischen Predigt zu suchen: Sermo CCXL, De Symbolo, Caput 1: Quid quisque apostolus de Symbolo composuit (Patr. Lat. XXXIX, 2188 seq.).*

14 Nach «Legenda aurea». Siehe S. 162, 28.
15 Auch in Württemberg.
16 Bild: «Kreuzprobe».
17 Siehe S. 70. (Die Datierung des Malmsheimerbildes liegt nicht fest.)

XI. MALMSHEIM

1 Kreis Leonberg, Württemberg.
2 Wie in Loffenau.

XII. BEINSTEIN

1 Der Literalsinn lehrt, was geschehen ist;
was du glauben sollst, die Allegorie;
der moralische Schriftsinn, was du tun sollst;
wonach du streben sollst, die Anagogie.
Dieser Merkvers stammt von Augustinus von Dänemark (O.P., gest. 1285) und wurde durch Nicolaus Lyranus allgemein bekannt.
2 Kreis Waiblingen, Württemberg.
3 Der Urquell, der Strom aus dem Paradies.
4 Das himmlische Jerusalem ad similitudinem des irdischen findet sich bereits auf altchristlichen Mosaiken, zuerst in Santa Pudenziana zu Rom (402—417). Ad similitudinem eines mittelalterlichen Stadtbildes kann auf Hans von Brügges Apokalypse-Teppiche von Angers (Maine et Loire, Frankreich) 1377—1378 hingewiesen werden.
5 Als historische Stadt in Judäa (sensus literalis).
6 Als die Kirche auf Erden (sensus allegoricus oder spiritualis).
7 Als die menschliche Seele (sensus moralis).
8 Als Reich der Seligkeit (sensus anagogicus). Nach mittelalterlicher Auffassung stellt das himmlische Jerusalem weniger einen

geschichtlichen Endzustand (wie im modernen historischen Denken) als einen letzten Sinn des gegenwärtigen Zustandes dar. Seit dem 5. Jahrhundert sprechen die Kirchenlehrer von einem vierfachen Sinn der Heiligen Schrift. Nach Durandus bzw. wörtlich, übertragen, moralisch und metaphysisch. Und in Dantes «Il convivio» (1303—1308) lesen wir: «... le scritture si possono intendere e debbonsi sponere massimamente per quattro sensi. L'uno si chiama litterale ...» (II, I); er nennt die vier Sinne: litterale, allegorico, morale und anagogico. Augustinus nennt zwar in seinem Sermo LXXXIX nur noch einen dreifachen Sinn (dictum proprium, dictum figuratum, factum figuratum); doch in «De Genesi ad Litteram» (Caput I, 1) schreibt er: «In Libris autem omnibus sanctis intueri oportet, quae ibi aeterna intimentur, quae facto narrentur, quae futura praenuntientur, quae agenda praecipiantur vel moneantur.» Auch in «De utilitate credendi» (c. 3) spricht Augustinus von einem vierfachen Sinn; die Zeit vor ihm kannte nur einen dreifachen. So sprach im 3. Jahrhundert Origenes (im Anschluss an die platonische Trichotomie und nach der alexandrinischen Theorie) von folgenden drei Sinnen: dem somatischen, dem psychischen und dem pneumatischen.

9 *Hier ist vielleicht in weiterem Sinne — mit Anknüpfung an das himmlische Jerusalem — an Psalmus LXXXIII, 2 zu denken: «Quam dilecta tabernacula tua ...» (Praeparatio ad Missam).*

10 *Da ist die Typologie besonders umfassend entwickelt. Siehe Kapitel XXVII.*

11 *Wie angedeutet bei Alois Thomas (a.a.O.), und wie es der Fall ist in Padua und Bern. Vgl. S. 95 und 126.*

12 *Wie angenommen bei Hans R. Hahnloser. Siehe Bibliographie (H.: in «Scritti di Storia dell'arte ...»).*

13 *Es musste schwerwiegende Gründe geben, um von der Tradition abzuweichen. Andrea Mantegna musste sich 1449 einem Schiedsgericht unterwerfen, weil er es wagte — beim Tod Mariae in der Ovetarikapelle (Eremitani, Padua) — nur acht statt zwölf Apostel hinzumalen (E. Rigoni: Nuovi documenti sul Mantegna, «Atti del reale istituto veneto di scienze, lettere ed arti», t. 87, 1927-1928, Doc. VIII, p. 1186). Und der deutsche Bildhauer*

Thydemannius de Allemania wurde 1306 in London verhaftet, weil er ein Kreuz schnitzte, «das nicht der wahren Gestalt des Kreuzes entsprach» (Herbert Koch, S. 7). Es war ein Baumkreuz (später auch Jansenistenkreuz genannt), das damals fast nur in Deutschland und Italien bekannt war.

14 *Maria oder Engel.*
15 *Unlesbar. Sowohl das Wort wie das Korn sind als Aussaat Gottes zu verstehen.*
16 *Löwe, Adler, Stier, Mensch.*
17 *D. h.: Was Christus in urbildhafter Wirklichkeit ist, das sind die Geschöpfe abbildhaft, denn durch ihn, auf ihn hin und in ihm ist alles erschaffen (vgl. S. 25 und Augustinus: «quia fecisti nos ad te ...» (Confessiones I, 1); inclinatio hominis ad Deum) — und nicht nur erschaffen, sondern auch in den splendor Seiner Liebe getaucht.*

XIII. MUNDELSHEIM

1 *Kreis Ludwigsburg, Württemberg.*
2 *Der Hl. Kilian war — der Legende nach — Iroschotte. Er war der Apostel Frankens und wurde Bischof von Würzburg; er starb als Märtyrer 689 und liegt in der Neumünsterkirche zu Würzburg begraben.*
3 *1455 vom Meister Konrad Heinzelmann (?) gebaut.*
4 *Es wurde Ende vorigen Jahrhunderts bekannt.*
5 *Brot war seit der Antike eine der vornehmsten Opfergaben. In der ägyptischen Bilderschrift ist ein Brot Zeichen des Opfers schlechthin. Die lateinischen Bezeichnungen oblatio und hostia bedeuten Darbringung eines Opfers bzw. ein geweihtes Opfer. In dem Prophetenwort (Ieremias XI, 19), das von der Liturgie auf das Leiden Christi angewendet wurde, heisst es: «... Mittamus lignum in panem eius» und Tertullianus (gestorben um 230) interpretiert «lignum» als «crux» und «panis» als «corpus».*
6 *Siehe S. 30.*
7 *Die Kreuzwegstationen entstanden in dieser Epoche. Einer der*

bekanntesten ist der Kreuzweg (1505—1508) bei dem Johannes-Friedhof zu Nürnberg (von Adam Kraft, dem Schöpfer des prächtigen Sakramentshauses in der dortigen Sct. Lorenz-Kirche). Die Kreuzwegstationen waren nicht Erzähler-, sondern Meditationsbilder; nicht das Bild, sondern das Kreuz war das entscheidende: vestigium per imaginem ad crucem.
8 *Vgl. die mystische Schrift «De imitatione Christi» von Thomas a Kempis (gestorben 1471) (und die zahlreichen mystischen Bruderschaften, die im Laufe des 15. Jahrhunderts entstanden sind (z.B. «Bruderschaft zum Leiden Christi» in Fulda 1451 und «Kölner Rosenkranzbruderschaft» (1475)). Besonders das IV. Buch dieser Schrift ist der Heiligen Eucharistie gewidmet.*
9 *Mensch (unerkennbar), Löwe, Adler und Stier.*
10 *fast wie in Malmsheim.*
11 *Sct. Nikolaus geweiht; gotisch, 1602 verändert. Jetzt evangelisch.*
12 *Vgl. S. 196, 36.*

XIV. STEEG

1 *Bei Bacharach, Regierungsbezirk Koblenz, Rheinland-Pfalz.*
2 *An der westlichen Hälfte der Nordwand.*
3 *Die Tradition schreibt es Pfarrer Wienand von Steeg zu; dies ist — meines Wissens — nicht belegt.*
4 *P. Clemen: «Die gotischen Wandmalereien der Rheinlande», Düsseldorf 1930, S. 311.*
5 *Altar, Sakramentshaus (Gnadenbild).*
6 *In der frühchristlichen Zeit wurde der Verkündigungs-Engel als einer der höchsten Engel gesehen (vgl. Gregorius I.: Homilie in Evangelia II, XXXIV, 8 (Patr. Lat. LXXVI, 1250)). Mit der späteren Verbreitung der pseudo-dionysischen Engellehre (von den neun Engelchören) entstand eine neue, recht differencierte Hierarchie («De coelesti hierarchia»).*
7 *Wasser als Bedeutungsträger: siehe besonders Kap. XXVII. Im apokryphen Evangelium Jacobi minoris wird von Wasserholen*

und Spinnen erzählt. Das Spinnen zum Tempelvorhang (siehe auch Pseudo-Matthäus Kap. 8) bringt Maria in bezug zum Tempel. Bei der jüdischen Verwerfung Christi wird der Tempelvorhang zerrissen von oben bis unten (vgl. S. 140); das hat eine dreifache Bedeutung: Gott nimmt seinen Sohn vor aller Welt an (die Erhöhung), Gericht wird weisgesagt über das Heiligtum Israels — und Gnade für die, denen Jesu Sterben gilt. Vom Wasserholen nenne ich das Mosaik von S. Marco in Venedig um 1220 — vom Spinnen ein rheinisches Evangeliar (in Karlsruhe) um 1197.
8 *In Metten stehen die Apostel in zwei Reihen (auf jeder Seite).*
9 *A. Franz (siehe Bibliographie hinten im Tractat), S. 744.*
10 *«et verbum caro factum est» (Ioannes I, 14).*

XV. SIEZENHEIM

1 *Dekanat Bergheim.*
2 *Früher der Hl. Margareta gewidmet.*
3 *Der gewöhnliche Nimbus Gottes war (besonders in Mitteleuropa) entweder rund (Scheibennimbus), rund mit einem Kreuz (Kreuznimbus) oder dreieckig (Triangelnimbus). Ein viereckiger Nimbus wurde traditionell nur zeitgenössischen Personen (besonders zwischen dem 5. und 13. Jahrhundert) mitgegeben. Das Quadrat war Symbol der — ursprünglich als viereckig angesehenen — Erde. Hier ist es «auf die Spitze» gestellt (als Schwere überwindend).*
4 *In den Hostienmühlenbildern etwas Ungewöhnliches. Der Segen wird fast immer gegen rechts gespendet, wo Maria kniet (siehe S. 93).*
5 *Nicht wie sonst mit zoomorphen Köpfen. Johannes ist als bartloser Jüngling wiedergegeben. Die Attribute sind den Evangelisten beigefügt.*
6 *Dies kommt sonst nur in Nürnberg vor.*
7 *In Form und Grösse wie bei den Evangelisten.*
8 *Siehe S. 150.*

9 *In einer Quer-Mandorla; die Strahlen des Heiligen Geistes reichen hinunter bis zum Nimbus des Kindes.*
10 *Er trägt wie der Kaiser Hermelin, doch in schmäleren Streifen.*
11 *Vielleicht ist die letzte eine Frau.*
12 *Möglicherweise ist das Bild von älteren Vorlagen beeinflusst.*
13 *Für Iustinus M. war «Brot bereiten» (árton poieîn) Anamnese der Menschwerdung und des Leidens Christi (vgl. Dialogus cum Tryphone Judaeo, 41 und 70). Ob diese Gedanken in der Kunst des 16. Jahrhunderts noch weiterlebten, ist jedoch kaum anzunehmen.*
14 *Das Krucifix im Altarbild (im ersten Bildfeld unten) ist so undeutlich, dass es nicht datierbar ist (ausser, dass es der spätgotischen Zeitepoche angehört).*

XVI. DOBERAN

1 *Dass der verhältnismässig kleine Ulmer-Altar ein Haupt-Altar war, ist kaum anzunehmen.*
2 *Joseph Braun: «Der christliche Altar in seiner geschichtlichen Entwicklung», Bd. II, S. 520, München 1924.*
3 *Bischof von Jerusalem 348. Kirchenlehrer.*
4 *Lisch (Mecklenb. Jahrb. IX, S. 424) sieht — aufgrund der Gleichheiten mit andern Bildern — in ihnen Herzog Albrecht III. von Mecklenburg und seine zweite Gemahlin Agnes. Zeitmässig könnte es stimmen; er starb 1412, sie 1434. Die Herzogin zeigt mit einer lebhaften Geste auf die gegenüberstehende Himmels-Königin.*
5 *Hier aber umgibt nicht ein mandelförmiger Strahlenkranz die Gottesmutter, sondern vor ihr wird eine strahlenförmige Sonne gezeigt. Bis weit in das Mittelalter hinein kam die Mandorla nur Christus zu, denn sie ist eine Abbreviation der Sphaira und ist Symbol des von der Transcendens in die Immanens hereinragenden Himmels. Im Spätmittelalter dringt die «mulier amicta sole» vor. Vgl. den Bildtyp «Immaculata conceptio».*
6 *Um 230—311. Angeblich Bischof von Olympos (Lykien), später von Philippi (Makedonien).*

7 Ecclesia und zugleich die königliche Braut, die Sponsa. «Dicimus aecclesiam sponsam regis regiam ...» (Bruno von Segni, gestorben 1123). (Diese Interpretation (Maria als Ecclesia) gilt nur für die Westkirche — nicht aber für die sakrale Bildkunst der Ostkirche, da die orthodoxe Theologie nicht Maria als Ecclesia deutet; in der byzantinischen Poesie ist diese Zusammenstellung jedoch manchmal anzutreffen.)
8 in der Verkündigung und in dem Pfingstwunder, als pneuma des charotos. «Wo das Pneuma, da ist auch die Ecclesia» (Irenäus, Adv. haer. III, 24, 1).
9 Von links nach rechts : Johannes, Matthäus, Lukas, Markus.
10 Siehe S. 180, 2.
11 Die folgenden Inschriften werden in Beziehung zu Vulgata Clementina erwähnt.
12 Das Werk unserer Wiederherstellung besteht aus der Fleischwerdung des Wortes Gottes.
13 Das menschliche Geschlecht würde nicht befreit werden, wenn Gottes Wort nicht Mensch würde.
14 Ein gutes und liebliches Wort lassen wir erklingen (vgl. S. 45).
15 Wir verkünden Gottes Wort aller Kreatur.
16 Nehmt in Sanftmut das eingepflanzte Wort auf.
17 Sein Wort verkürzend, wird der Herr auf der Erde handeln. Vielleicht ist «abbreviatum» hier als «erfüllend» zu verstehen. Der Hl. Bernhard von Clairvaux (1090—1153), der Doctor mellifluus und Ordensheiliger dieser Kirche, braucht (Serm. in vig. Nat. 1, 1) diesen Ausdruck (verbum abbreviatum) im Sinne des fleischgewordenen Wortes (Pat. Lat. CLXXXIII, 87).
18 Das Wort, das wir verkünden, ist der gekreuzigte Christus.
19 Wiedergeboren, nicht aus vergänglichem Samen, sondern aus dem unvergänglichen Worte Gottes.
20 Unsere Hände hatten zu tun mit dem Worte des Lebens.
21 Das Wort Gottes breitete sich aus und wuchs.
22 Bei Gott wird kein Wort unmöglich (: kraftlos) sein.
23 Nehmt das Wort der Erbauung auf.
24 Aus freiem Willen hat er uns gezeugt (: geschaffen) durch das Wort Gottes.

XVII. GÖTTINGEN

1 *Eine späte Gründung innerhalb der Provinz Köln, Custodie Hessen (nach 1462 Custodie Sachsen).*

2 *Das Königliche Welfen-Museum (damals neu gegründet), jetzt ein Teil der Niedersächsischen Landesgalerie Hannover. Mus.- Nr. 182-84.*

3 *Solche Darstellungen von Credo-Aposteln wurden seit Anfang des 12. Jahrhunderts immer häufiger. Siehe S. 171, 13.*

4 *Ioannes I, 1.*

5 *Lucas II, 15 (vidimus; Vulgata: videamus). Der Maler hat die Schriftbänder von Matthäus und Lukas verwechselt.*

6 *Matthäus I, 20: «quod enim in ea natum est, de Spiritu sancto est». Siehe Komm. 5.*

7 *Marcus IX, 6.*

8 *Er wurde 1274 geboren (somit gut ein halbes Jahrhundert nach der Gründung des Franciscanerordens) als Sohn von Karl II. von Anjou, König von Neapel; und er war Grossneffe des Königs Ludwig IX., des Heiligen. Er verzichtete auf sein Thronrecht, liess sich zum Priester weihen, trat in den Franciscanerorden ein und wurde später Bischof von Toulouse. Er war überaus wohltätig, starb schon 1297 in Brignoles (Süd-Frankreich) und wurde begraben im Dom zu Valencia. Kanonisation 1317. Auf dem Bild sieht man sein Wappenschild — das Anjou-Wappen mit den französischen Lilien — bei seinen Knien.*

9 *Deine Geburt hat aller Welt Freude kundwerden lassen. («Natifitas» sic pro «Nativitas».)*

10 *Siehe S. 30.*

11 *Frater Henricus Duderstadt. Der Name kommt zur fraglichen Zeit in der Studentenmatrikel der Universität Erfurt vor (Behrens). Duderstadt liegt bei Göttingen in Richtung Erfurt.*

12 *Kugler, Unger, Schnaase, Engelhard, Münzberg, Schmitz, Boving u.a.m. Dagegen Behrens in seinem sorgfältigen Traktat, dem ich hier weitgehend gefolgt bin.*

13 *Siehe dazu Reinhold Behrens: «Der Göttinger Barfüsser-Altar», Bonn 1939, eine sehr gründliche und verdienstvolle Arbeit.*

XVIII. ROSTOCK

1 Es besteht eine gewisse Ähnlichkeit zwischen diesem Bild und dem Epitaph für Professor, Dr. theol. Friedrich Schön (gestorben 1464). Es ist zu sehen in einer nördlichen Seitenkapelle in der Sct. Lorenz-Kirche zu Nürnberg. Das Epitaph ist eine mehrscenische Darstellung der «perpetua virginitas Mariae» nach der Schrift des Dominikaners Professor Franz Reetz (1343—1424): «Defensorium inviolatae virginitatis Beatae Mariae».

2 Es ist bemerkenswert, dass die Krüge (hier wie in Doberan) sich innerhalb des Cirkelbogens befinden und dieselben Formen aufweisen, die man öfter den mittelalterlichen Krügen der Paradiesflüsse gegeben hat. Vgl. Deckel des Codex aureus Epternacensis, 11. Jahrhundert, Gotha, jetzt Germanisches Museum Nürnberg; Nordportal, 1. Hälfte des 13. Jahrhunderts, Kathedrale zu Chartres; Taufbecken, um 1250, Dom zu Hildesheim. Die vier Paradiesflüsse wurden oft — seit der Väterzeit — in Verbindung mit den vier Evangelisten gesetzt (z.B. vorerwähnte Deckel des Codex; Vierungskuppel und Fassade, 1. Hälfte des 13. Jahrhunderts, S. Marco, Venedig). Siehe auch S. 189,18 (und vgl. Innocent III., Sermo III: «In communi de Evangelistis» (Patr. Lat. CCXVII, 605-610)).

3 Man wird sich vielleicht fragen, warum gerade dieser Text hier herangezogen worden ist. Die Worte des Hauptmanns von Kapharnaum: «Dominus, non sum dignus ...» (Matthäus VIII, 8) sind die ältesten dieser Art, die Demut und Vertrauen zugleich (Christus gegenüber) in sich schliessen. Als Ansatz zu Gebeten, die dem Empfang (lat.: sumptio) vorausgingen, waren sie schon seit dem 10. Jahrhundert verwendet worden. Siehe S. 114.

4 Augustinus, Gregorius, Hieronymus, Ambrosius.

5 Das Blut Christi zur Bewahrung derer, welche Gott geweiht sind.

6 Durch die Austeilung geistlicher Güter hat er uns (ihrer) teilhaftig gemacht. «distributionem» statt «distributione».

7 O heilsame Sattheit, welche desto heilsamer wirkt, je reichlicher man (zu sich) nimmt.

8 Dieses vergossene Blut hat den Erdkreis gewaschen und den Himmel zugänglich gemacht.

KOMMENTARE ZU SEITE 90—92

9 Paul: «*Sundische und Lübische Kunst*», Berlin 1914.
10 In C. M. Weichmann: «*Mecklenburgs altniederdeutsche Literatur*» CXCVI, Schwerin 1885, S. 243.
11 Jedoch ohne dafür einen Grund anzugeben.

XIX. PADUA

1 Siehe Hans R. Hahnloser, in: «*Scritti di Storia dell'arte in onore di Mario Salmi*» II, De Luca Editore, Roma 1962, S. 377 seq., wo dieses Thema sorgfältig und ausführlich behandelt ist.
2 1431—1453.
3 S. de Kunert: *Una capella distrutta nella Basilica di Sant-Antonio di Padova*, «*L'Arte*» 9, 1906, S. 52 seq.
4 Unter der Nr. Ms 71.
5 Durch das Wasserzeichen kann festgestellt werden, dass das Papier um 1780—1800 in Zürich oder Solothurn hergestellt wurde.
6 Es ist keine Siegesfahne, wie bei Hahnloser erwähnt. Nach spätmittelealterlicher Auffassung waren Christi Geburt und Tod eng miteinander verbunden. Man sieht es oft in der Bildenden Kunst — und es zeigt sich in zeitgenössischen Geburts- und Adventshymnen, z. B.:

E sursum agnus mittitur,   Ein Lamm kommt aus der Höh herab,
Laxare gratis debitum ... Das zahlt aus sich die Schulden ab ...
(Vox clara ecce intonat)

Diese Worte waren sowohl im Blick auf die Incarnation als auch auf die Passion und die Eucharistie zu verstehen.

7 Bereits im 12. Jahrhundert erscheint das Christuskind in einem Devotionstuch, das sich auf Maria herabsenkt; die Taube aber ist auch im Bild vorhanden als Träger des Tuches (niederrheinisches Elfenbeinrelief, Staatl. Museum Berlin). Wenn Taube und Christuskind beide im Bild gezeigt werden, ist es eine Anspielung auf die Lukasworte «*spiritus sanctus superveniet in te*» und «*virtus Altissimi obumbrabit tibi*» (I, 35), den Höhepunkt

des Verkündigungsberichtes, weil sie die Wirklichkeit Gottes bezeichnen als Geist und Wort, als Liebe und Schöpferkraft.
(Andere Beispiele von Christuskind und Taube in den Verkündigungsbildern sind: ein westfälischer Passionsaltar um 1400, Netze, der Grabower-Altar 1379 (Meister Bertram), Hamburg — und der Buxtehude-Altar um 1410 (auch Meister Bertram), Hamburg.)

8 *Das ist Advent und Passion zugleich. «Er, der hinabstieg, ist derselbe, der hinaufstieg ...» (Eph. IV, 10; Ps. LXVIII, 19; vgl. Jo. III, 13). Advent bedeutet nicht bloss die Erwartung der ersten Ankunft des Messias, sondern auch die Erwartung und Bereitung auf seine letzte (die Parusie); deshalb ist die liturgische Farbe für Advent violett (siehe S. 132), die Farbe der Busse. Der letzte Adventssonntag heisst: Rorate coeli; das bedeutet: Tauet, ihr Himmel (aus der Höhe, und die Wolken sollen den Gerechten regnen; die Erde öffne sich und sprosse den Heiland hervor), Js. XLV, 8.*

9 *Padua gehörte von 1406 bis 1866 zu Venedig, dessen Wahrzeichen seit dem frühen Mittelalter der Markus-Löwe war. Nördlich der Alpen hatte man ein engeres Verhältnis zu den metaphysischen Wahrheiten; man brauchte sie deshalb dort nicht wie hier hinter Repräsentativem zu verschlüsseln.*

10 *(Hieronymus deutet jedoch seinen Namen als: fortitudo Dei (Liber interpretationis hebr. nom. 64, Onomastica Sacra)).*

11 *Aber auch hier gibt es wohl eine Erklärung: Die Sichtlinie zwischen Gottvater (oben in der Mitteltafel) und Maria (unten im linken Seitenflügel) verläuft damit durch die Segensgeste des Verkündigungsengels.*

12 *Geht aber vielleicht weiter zurück. Der Hl. Chrysostemos (Doctor eucharistiae, gestorben 407) schreibt: «Staunenswert ist dieser Altar, weil er seiner Natur nach nur Stein ist, aber heilig wird er, weil er den Leib Christi aufnimmt — staunenswert ist dieser Altar, weil er selbst Leib Christi ist» (Hom. 20, 3). Der Altar ist crux, sepulcrum und mensa zugleich, Stätte der mysterium fidei.*

13 *Handschrift der Veroneser Kapitelsbibliothek. Verfasst in der Zeit nach der Krönung Lothars (823).*

14 *In der Biblioteca apostolica Vaticana.*

15 Möglicherweise ist hier auch an den «Angelus Missae» zu denken. «Angelus assistens divinis mysteriis» wird der «Opferengel» bei Sct. Thomas Aquinas genannt (Summa Theologiae III, q. 83, a. 4 ad 9). Das erste Kanongebet nach der Konsekration gipfelt in folgender Bitte (Supplices te rogamus): «... iube haec perferri per manus sancti Angeli tui in sublime altare tuum ...» (... lass diese (Opfergaben) durch die Hände deines heiligen Engels emportragen auf deinen hehren Altar ...). Vgl. Apk. VIII, 3-4 und das Gebet «Per intercessionem» vor der Konsekration. Die Hl. Hildegard von Bingen berichtet von einer Vision: «... da stieg plötzlich ein feuriges Blitzen von unbeschreiblicher Klarheit aus dem geöffneten Himmel auf diese Opfergabe herab ... Und während das feurige Blitzen die Oblation auf solche Weise bestrahlte, trug es sie unsichtbarerweise aufwärts in die Verborgenheit des Himmels ... Und als ich das sah, erschienen zugleich auch die Zeichen der Geburt, des Leidens und des Begräbnisses sowie der Auferstehung und Himmelfahrt unseres Erlösers, des Eingeborenen Gottes, wie im Spiegel ...»; d. h. Christus wird durch die Konsekration als Hoherpriester (vgl. 1. Kg. XVIII, 38 (Vulg. III Regum, XVIII, 38)) mit dem Gesamtwerk der Erlösung auf dem irdischen Altare gegenwärtig. Hildegard, Äbtissin von Rupertsberg bei Bingen. Ausser «Liber Scivias» (das Hauptwerk) hat sie «Liber simplicis medicinae», «Liber expositionis Evangeliorum», «Cantus coelestis harmoniae», «Liber vitae meritorum» und «Liber divinorum operum» geschrieben. Siehe auch S. 46. Und der grosse «liturgische» Papst Gregor I. sagt (Dial. IV, 58): «Da öffnet sich der Himmel auf des Priesters Wort, und die Chöre der Engel schweben hernieder». Irenäus schreibt, dass im Himmel ein Altar sei, zu dem unsere Gebete und Gaben erhoben werden (Adv. haer. 4, c. 18, n. 16). Auch Johannes Chrysostomos spricht von dem Angelus Missae (De incomprehensibili Dei natura, Homilia 3, n. 7) — und weiter Tertullianus, Origenes und die Hl. Ambrosius und Bonaventura (IV, 11, p. 1, dub. 4).

16 Ex. XIV, 21 seq.

17 In genau derselben Form wie die in dem gleichzeitig (um 1450) entstandenen Berner-Hostienmühlenfenster.

18 *Im germanischen Sprachraum erreichte die mittelalterliche Mystik ihre grösste Bedeutung für Auffassung von Welt und Sein — und damit für die Kunst.*
19 *Andrea Mantegna 1431—1506 (also gleichaltrig wie Pizzolo).*
20 *Siehe unten.*
21 *Dies geht aus einer Paduaner-Malerliste von 1441 hervor.*
22 *Obwohl die Maler-Zunft eine engere Bindung an die Kirche (und damit an die Tradition) hatte als die Architekten-Bildhauer-Zunft.*

XX. ULM

1 *Aus dem Hymnus «De sanctissimo Sacramento cantio», 15. Jahrhundert, Dichter unbekannt.*
2 *Inv. Nr. 2150.*
3 *Vgl. Strophe 18, S. 36. Verknüpfung: Incarnation - Opfer.*
4 *Die Taube ist als ein Relikt aus dem Verkündigungs-Zusammenhang zu erklären. Die Verkündigungs-Scene ist vielleicht eine durch Platzmangel bedingte Reduktion. Übrigens ist Maria am Mühltrichter kein Novum (siehe Eriskirch und Beinstein (?)) und ist möglicherweise aus dem Mühlenlied zu entnehmen (siehe Strophe 10, S. 34).*
5 *Corblet, Jules: «Histoire dogmatique, liturgique et archéologique du sacrament de l'Eucharistie» I, Paris 1885. S. 177.*
6 *Links: Ambrosius (?) und Hieronymus. Rechts: Gregorius und Augustinus (?).*
7 *Wegen der Beschneidung sind nur fünf auf der rechten Seite sichtbar.*
8 *Max Schefold: «Die Hostienmühle im Museum der Stadt Ulm», in: Aus dem Museum der Stadt Ulm, Krystall-Verlag, Wien MCMXXV, S. 5.*
9 *Inv. Nr. L 9037 a, b.*
10 *Kreis Riedlingen, etwa 50 km von Ulm.*
11 *Segmentrundung, Mass, Übereinstimmung in Material, Farbe,*

Figurenstil, dasselbe Muster, die Goldgrundtechnik und endlich der thematische Zusammenhang.
12 Vgl. Ioannes I, (29 u.) 36. Also: Hinweis auf Christus.
13 Matthäus III, 17.
14 Siehe Strophen 5 und 6, S. 33.
15 Dieselben Typen wie bei dem Ulmermeister Bartholomäus Zeitblom (geboren in Nördlingen 1455, gestorben in Ulm 1518).
16 Grün, Rot, Gelb — zum Teil Weiss — hervorherrschend. Blau und dunkle Nuancen seltener.
17 Geboren in Rothenburg o. d. T. 1435; nachweisbar in Nördlingen seit 1461; gestorben ebd. um 1500.
18 Siehe übrigens I. Kruegers sorgfältige Arbeit: Zum Thema Hostienmühle und zum Ulmer Hostienmühlenretabel, Manuskript 1971, S. 20.

XXI. RETSCHOW

1 *Sehet das Wort des Herrn, welches das Leben ist. (Alle Hinweise beziehen sich auf Vulgata Clementina.)*
2 *Wer sich vom Wort erziehen lässt, gewinnt Gutes.*
3 *Sei ein Vorbild in Wort und Lehre.*
4 *Die Quelle der Weisheit ist das Wort Gottes in Herrlichkeit.*
5 *Er sandte das Wort und heilte die Kranken.*
6 *Das verkürzte (erfüllte) Wort vollendet die Frommen.* Siehe S. 178, 17.
7 *Nehmt das Wort der Erbauung frohen Mutes auf.*
8 *Ihr redet (d. h. verkündet) das Wort des Herrn zuversichtlich.*
9 *Sanfte Rede vermehrt die Zahl der Freunde.*
10 *Wo ist das Wort des Herrn, welches Jünger sammelt?*
11 Ioannes I, 1.
12 Ioannes I, 14 (siehe Kapitel XXIII, S. 110).
13 Zu dieser Zeit setzt sich in dem transalpinen Europa die Perspektive mehr und mehr durch.
14 Ein im Spätmittelalter beliebtes Motiv; ist aber hier als einziges Mal mit einem Hostienmühlenbild zusammengestellt.
15 Jo. VI, 51, vgl. auch die Apostelsprüche.

XXII. WORMS

1 Er macht wahrscheinlich eine Segensgeste gegen sie.
2 «la trémie».
3 «manivelle».
4 Das sind die anthromorphen Symboltiere der Evangelisten.
5 Vgl. auch Kapitel IV, Strophen 10 und 18.

XXIII. TRIBSEES

1 Z. B. Münzenberger, Schulz, Dehio (siehe Komm. 2). Wenn Reinhardt Hootz — in «Deutsche Denkmäler, Mecklenburg», Deutscher Kunstverlag 1971, S. 404 — die Entstehungszeit als aus den Jahren 1330—1340 angibt, kann ich mir nichts anderes vorstellen, als dass es auf einem Druckfehler beruht. Andere Kunsthistoriker setzen es etwas früher (als am Anfang des 15. Jahrhunderts) an, so Kugler, Lübke (mit grosser Unsicherheit) und Schnaase (der teilweise die Allegorie missverstanden zu haben scheint).
2 Georg Dehio: «Handbuch der Deutschen Kunstdenkmäler: Die Bezirke Neubrandenburg, Rostock, Schwerin.» Deutscher Kunstverlag München, Berlin 1968. S. 420.
3 Man denke an die zeitlich und örtlich nahe liegenden Altarbilder in Rostock, Doberan und Retschow.
4 Hier stehen die Evangelisten dicht an dem Mühltrichter, was in Norddeutschland sonst nur in dem späten (1534) Bild von Erfurt vorkommt; in Süddeutschland dagegen ist es die fast ausnahmslose Regel. Ebenso schütten die Evangelisten das Mahlgut aus Säcken, was in Norddeutschland fast nie vorkommt — in Süddeutschland aber die Regel ist; in Norddeutschland sind es fast immer Krüge.
5 Der Hl. Augustinus drückt es so aus: «Si comprehendis, non est Deus» (Was auch immer du (von Gott) zu verstehen meinst, das ist Gott gerade nicht). Vgl. b. Hl. Thomas: De Potentia, q. 7, art. 5 ad 14 um. Vgl. Exodus III, 14: «EGO SUM QUI SUM». Gott ist undarstellbar.

6 *Im Lateinischen (und Griechischen) sind ja, im Gegensatz zum Deutschen, Sonne und Mond männlichen bzw. weiblichen Geschlechts.*

7 *Abbildung bei Adolph Goldschmidt: «Die Elfenbeinskulpturen aus der Zeit der karolingischen und sächsischen Kaiser» I, Berlin 1914—1918. Nr. 41.*

8 *Abbildung bei Emil Mâle: «L'art religieux du XIIIe siècle en France», Paris 1902. Deutsche Ausgabe von L. Zuckermandel: «Die kirchliche Kunst des 13. Jahrhunderts in Frankreich», Strassburg 1907. S. 226.*

9 *«Hortus deliciarum» (Herrad von Landsberg, Handschrift um 1170 im Kloster Hohenburg im Elsass entstanden), Taf. 38. Hier (als Zeuge der Kreuzigung) gibt nur die Sonne — und nicht auch der Mond — ihre Trauer kund. Wahrscheinlich soll man hier Sonne und Mond als Ecclesia und Synagoge interpretieren.*

10 *Diese «Erhöhung» kann auf dreifache Weise verstanden werden, die materielle an das Kreuz, die immaterielle in den Himmel oder als Annahme Jesu — als Christus, Sohn und Opfer — vor aller Welt (um die sechste Stunde, da die Finsternis über das ganze widerspenstige Land kam).*

11 *Am 14. Nisan des jüdischen Kalenders oder 25. März (nach alter Tradition).*

12 *Der typologische Gedanke: Maria-Eva kommt u. a. zum Ausdruck in einem alten Muttergottes-Gebet eines hortus animae: «... Sei gegrüsst du heylige Junkfrawliche Erden, auf welcher der new Adam unaussprechlicher weyss formiert worden ...» (vgl. Gen. II, 7). «Porta paradisi primaeva clusa per Evam / Nunc est per sanctam cunctis patefacta Mariam» (Inschrift des Widmungsbildes in einem Evangeliar Bernwards von Hildesheim (um das Jahr 1000); ja, Maria war ja selbst porta coeli (vgl. Gen. XXVIII, 17).*

Sumens illud Ave	*AVE hast genommen,*
Gabrielis ore	*Das vom Engel kommen*
Funda nos in pace	*Du aus EVA wendest,*
Mutans nomen Evae!	*Dass du Frieden spendest!*

(In Annuntiatione Beatae Mariae, ad Vesperas: Ave, maris stella ...)

Eine der sinnreichen Wortspekulationen des Mittelalters: aus dem umgekehrt gelesenen Eva wird Ave; indem Maria den Gruss des Engels annahm, verwandelte sie den durch Eva verursachten Fluch in Segen.
«AVE hilste han vor Frue, vendte om paa EVA's Navn» (aus einem Marienhymnus des Andreas Sunesons, Erzbischof von Lund; gestorben 1228); (AVE grüsste er Unsere Frau, kehrte den Namen EVA's um). Diese Umkehrung des Namens von Eva ist keineswegs eine blosse Buchstaben-Spielerei, sondern eine Veranschaulichung eines theologischen Gedankens. Dieser Gedanke, der vor allem Gregor I., Albertus Magnus und Bonaventura beschäftigte, war: die Heiligung aus Entgegengesetztem («Et congruus modus est, quod medicina ex opposito respondeat morbo, et reparatio lapsui, et remedium nocumento»). Bonaventura entwickelte eine Gegenüberstellung von Verführung Eva's durch den gottfernen Engel, und was darauf folgte — und Verkündigung an Maria durch den gottnahen Engel, der die Heilsbotschaft mit Ave einleitet und Mann Gottes ist (siehe S. 93). Und Thomas Aquinas stellt in seiner Eva-Maria-Parallele konsequent dem maledictus fructus Evae den benedictus fructus Mariae gegenüber. Die Kunst besitzt ein eigenes Verfahren, theologische Zusammenhänge zu verdeutlichen: Unter der Tragkonsole von zwei Verkündigungs-Mariae sind Scenen von der Versuchung dargestellt: in Chartres (Nordportal, 13. Jahrhundert) Baum mit Früchten und Schlange — in Amiens (Westportal, 13. Jahrhundert) Baum, Schlange und Eva. Maria ist nach Irenäus (Adversus haereses 5, 19, 1; 3, 22, 4) «advocata Evae» und «causa salutis». Maria als Antithese Evae und als causa salutis wird besonders betont, wo sie auf die Schlange tritt, z. B. auf dem Marienschrein (1220—1238) in Aachen — und auf der im 15. Jahrhundert entstandenen «Immaculata conceptio». Vgl. S. 60: «... ut, unde mors oriebatur ...». Die erste Gegenüberstellung von Maria und Eva treffen wir schon bei Iustinus M. (gestorben 167): Dialogus cum Tryphone Judaeo, cap. 100 (Enchiridion Patristicum, coll. M. J. Rouët de Journel, 1947). Maria ist Realsymbol der Kirche.
13 Die «Meditationes Vitae Christi» (Pseudo-Bonaventura, wahr-

scheinlich Johannes de Caulibus aus S. Gimignano) berichten, dass die Jungfrau im Buche Jesaja gelesen habe, als der Engel zu ihr getreten sei. Am Grünewalds Isenheimer-Altar (jetzt in Colmar) ist in dem aufgeschlagenen Buch Mariae deutlich die Jesaja-Prophezeiung: «Ecce, Virgo concipiet ..,» (VII, 14) zu lesen. Jesaja, der Evangelist unter den Propheten, wie ihm bereits Augustinus genannt hat.

14 *Vgl. Ez. I, 5-28, besonders 26.*
15 *Vgl. Deuteronomium XVIII, 15.*
16 *Richard von Saint-Victor: «Verbum Patris, Filius Patris est voluntas Patris» (Adnotationes mysticae in Ps. XXVIII, Patr. Lat. CXCVI, 297 CD).*
17 *Hierologie und Hierurgie: Weihewort und Weihetat. (Vgl. Dionysios Areop.: De eccl. hier. III, 3, 12.)*
18 *Pison, Gihon, Tigris und Euphrates (vgl. S. 34, Strophe 9 mit Kommentar). Durandus ordnet die Flüsse den Evangelisten so zu: bzw. Johannes, Matthäus, Markus und Lukas. Diese Zuordnung stimmt mit der älteren von Innocent III. (Sermo III: In communi de Evangelistis) überein, und ist wohl von dieser Sermo übernommen. Auf die Kunst der folgenden Zeit — die Sermones sind um 1200 geschrieben — übte diese Zuteilung ihren Einfluss aus. Früher war die Zuordnung ziemlich willkürlich; an dem bekannten bronzenen Kreuzfuss (um 1100) des Churer Domschatzes ist z. B. nicht eine einzige Zusammenstellung identisch mit der oben genannten.*
19 *Vier bedeutet das Universum, das sich über die vier Himmelsrichtungen ausdehnt, deren griechische Anfangsbuchstaben (Anatole, Dysis, Arktos, Mesembria (bzw. Osten, Westen, Norden, Süden)) das Wort Adam (hebr.: Mensch, Menschheit) ergeben. Diese Deutung der vier Anfangsbuchstaben geht auf das spätjüdische Henochbuch zurück — und wird auch bei Augustinus erwähnt. Die vier Flüsse der Evangelisten sind die vier Flüsse des Paradieses und Vorbild der via crucis; sie sind Urbild und Endbild zugleich.*

Die Numeral-Symbolik in Theologie und Kunst ist die Grundlage für den «mathematischen» ordo der mittelalterlichen Mystik (vgl. Weish. XI, 20 = Sapientia XI, 21 und vgl. Js. XL, 12).

20 Und das ist gleich *aqua vitae* (Origenes). Glaube ist nur beginnende Erkenntnis; «*credo ut intelligam*» (Anselm von Canterbury 1033—1109, Gründer der mittelalterlichen Scholastik); «*Intellectus ... merces fidei*» (Augustinus: *In Ioann. tract.* 29, 6) oder: «*nisi credideritis, non intelligitis*» (Isaias VII, 9).
21 ...: dieser Teil ist vom Kopf des Priesters verdeckt; der Teil ist vielleicht so zu ergänzen: ... *sit tibi et custodiat* (vgl. Jungmann: «*Missarum solemnia*» II, Kap. 3; siehe Bibliographie).
22 «Ich will ergreifen den Kelch des Heils, anrufen will ich den Namen des Herrn» (Ps. CXV. 4 nach Vulgata; vgl. das Kommunionsgebet «*Quid retribuam*»).
23 Die Hostie wurde im Mittelalter oft *corona* (manchmal auch *consecrata rotula*) genannt.
24 Genesis XLIX, 20 («*Aser besitzt Brot in Fülle und wird den Königen Leckerbissen darbieten*»). Aser war ein Sohn Jakobs und einer der zwölf Stammesfürsten Israels. Sein Name bedeutet: selig, glücklich (vgl. Gn. XXX, 13 und Dt. XXXIII, 24) — und er war der achte Sohn Jakobs; mit dem achten Tag bricht die neue Welt an, die Herrschaft des ewigen Königs. Von Aser stammt die Prophetin Hanna (nach Vulgata: Anna) (Lk. II, 36), die Deuterin von Gottes Heilsplänen. Es ist zu bemerken, dass, wenn die Patriarchen den Credo-Aposteln gegenübergestellt werden, Aser oft in Beziehung zu Judas Thaddäus gebracht wird, welcher Credo-Artikel lautet: «die Auferstehung des Fleisches» — also der achte Tag, ein Schlüsselwort für die Mystik der Mühle (in der kabbalistischen Gematrie haben «acht» (schmona) und «Himmel» (schamajim) denselben Zahlenwert). Auf einem Deckel des Eilbertus-Tragaltars (um 1130) im Museum des Charlottenburger Schlosses zu Berlin trägt Judas Thaddäus auf einem Credo-Bild ein Spruchband: «*carnis resurrectionem*». Eine Zusammenstellung von Thaddäus (als Credo-Apostel) und Aser sehen wir z. B. in Blaubeuren (Steinfiguren aus den letzten Jahren des 15. Jahrhunderts im Chor der ehemaligen Benediktiner-Klosterkirche); die Zusammenstellung von Aposteln, Propheten und Patriarchen in Verbindung mit dem Credo war jedoch — besonders vor dem 13. Jahrhundert — nicht eine ganz feste. (Im «*Communicantes*» — Schluss-

gebet der ersten Kanon-Oration vor der Konsekreation — wird die zweifache Zwölfzahl (Apostel und Martyrer) hervorgehoben.)

25 Matthäus VIII, 8. Siehe S. 180, 3.
26 Selbstverständlich mit Ausnahme der zwei Celebranten, die versus populum ihren Dienst verrichten müssen.
27 Bei Gebrüder Holbein in Berlin 1858—1859.
28 Es sind Kastenflügel mit Flachrelief.
29 Siehe Kapitel XXVII und XII.
30 Vézelay, S. Denis und S. Trophime. Siehe Kapitel III.
31 E. F. A. Münzenberger: «Zur Kenntnis und Würdigung der mittelalterlichen Altäre Deutschlands» 1 (Ein Beitrag zur Geschichte der vaterländischen Kunst I), Frankfurt a. M., 1885—1890. S. 81.

XXIV. ERFURT

1 Meister Eckhart. Er war um 1298 Prior des Dominikaner-Klosters zu Erfurt und gleichzeitig Provincialvikar des Ordens für Thüringen.
2 Die Jahreszahl ist auf den Mühlkasten gemalt.
3 Die eucharistischen Gaben sind Früchte des Lebensbaumes (: Christi); ist in dem einsamen Baum auf dem Felsengipfel eine Anspielung auf den «arbor vitae» zu vermuten?
4 Lucas I, 28.
5 Lucas I, 38.
6 Ioannes I, 1.
7 Ioannes I, 14.
8 Dieser Platz ist sonst meistens Johannes oder Paulus vorbehalten. Vielleicht steht Andreas hier, weil er den zweiten Glaubensartikel vertritt; er lautet wie bekannt: «et in Jesum Christum, filium eius unicum, dominum nostrum». Petrus vertritt den ersten Artikel des Credos. Siehe S. 171, 13.
9 In Ulm sind die ursprünglich einfachen Gewänder der Kirchenväter im 16. Jahrhundert mit Brokat verziert — und erst durch

eine Restaurierung im Jahre 1952 wurden sie in ihren ursprünglichen Zustand zurückgeführt. Siehe S. 98.
10 Spätgotisch.
11 Vgl. Greg. M. moral. 18, 52 (Gregorius Magnus, Moralia sive expositio in librum Iob, Patr. Lat. LXXVI, 90 A).
12 Vgl. Ambr. incarn. 7, 61 (Ambrosius, De incarnationis dominicae sacramento, ed. Otto Faller: Corpus scriptorum ecclesiasticorum Latinorum 79, Vindobonae 1964).
13 Sancti Aurelii Augustini in Ioannis evangelium tractatus 124 (Post Maurinos textum edendum curavit Radbodus Willems). Turnholti 1954. (Corpus Christianorum, Series latina 36.)
14 Stifter und Kirchenväter stehen; sie knien nicht wie bei den meisten älteren Darstellungen.
15 Ein kleines Beispiel ist die Überkreuzung der Krummstäbe.

XXV. GLEINIG

1 Verzeichnis der Kunstdenkmäler der Provinz Schlesien, II. Die Landkreise des Bezirks Breslau. Breslau 1889, S. 658.
2 Die übrigen waren: Geisselung Christi, Kreuzigung und Grablegung.
3 «Der Wormsergau» II, 1939. S. 264.

XXVI. TAMSWEG

1 Sct. Leonhard (Sanct Lienard) war nach seiner vita ein fränkischer Edelmann. Er gründete das Kloster (und war vielleicht Abt) von Noblac (bei Limoges). Er starb nach einem heiligen und an Wundern reichen Leben um 559. Seine Verehrung ist seit dem 11. und 12. Jahrhundert in Österreich, Bayern und Schwaben weit verbreitet. Er war Schutzheiliger u. a. für Gefangene. Die gewöhnlichen Attribute des Heiligen sind Kette (Buch und Stab).

2 Von Peter Harperger aus Salzburg.
3 In der Kunst wird das Attribut «Mater misericordiae», das sich besonders seit Anfang des 15. Jahrhunderts in den marianischen Bruderschaften einer grossen Beliebtheit erfreut, häufigst als Schutzmantelmadonna verbildlicht.
4 Und dieses Licht, «Das fliessende Licht der Gottheit», diese Entstofflichung, erreicht man nur durch das Lossagen von der Materie:

Du solt minnen daz niht,	Du sollst lieben das Nichts,
du solt vliehen daz iht.	du sollst fliehen das Etwas
	(die Welt).

(Mechtild von Magdeburg, 1212—1283, aus den «Offenbarungen einer liebhabenden Seel»: «Die wüsten hât zwölf dinc» (vgl. Jo. XII, 25)). Man muss die via purgativa und die via illuminativa bis zur unio suavis — oder gar zur transformatio mystica passiva — gehen. Das ist die visionäre Mystik des Mittelalters.
5 Johs. Gradt glaubt darin ein Brunnenhaus zu sehen. Dies scheint mir nicht überzeugend; erstens ist kein Wasser sichtbar — auch kein Wasserrad (nur ein Kammrad), zweitens drehen die Apostel eifrig die Mühle.
6 (Vgl. Iob VII, 1: Militia est vita hominis super terram.) Aus der Anthiphon «In festivitate Corporis Christi», ad Laudes: «Verbum supernum prodiens» von Thomas Aquinas. (Diese Strophe wurde später als eindrucksvoller Schluss-Chor (5. Akt) des Fronleichnamsspieles «Das Grosse Welttheater» verwendet.)

XXVII. BERN

1 1096—1141. Augustiner-Chorherr, Prior von Saint-Victor in Paris. Sein Einfluss auf die Mystik und Scholastik war gross. Das Citat stammt aus seinen «Eruditiones didascaliae», VII, c. XII (: Was ist schöner als das Licht, das, obwohl selbst farblos, beim Erleuchten die Farben aller Dinge gewissermassen selbst färbt).

2 Sct. Vincent von Saragossa, aus der edlen Familie zu Huesca (nördlich von Saragossa), Archidiakon des Hl. Bischofs Valerius. Erzmartyr Spaniens; zu Tode gemartert um 304.
3 Zur Kollegiats-Kirche erhoben von Papst Innocent VIII. (1484 bis 1492).
4 Siehe Bibliographie.
5 Die vierte Lancette von links jedoch nur etwa 50 cm.
6 Apk. XII, 1 seq.
7 Das Alte Testament.
8 Das Neue Testament. Ein Kielbogen trennt die beiden Testamentsbilder.
9 Als Apostel. Wenn die Apostel barfüssig dargestellt werden, ist es ein Zeichen der Demut; es ist ein Ersatz für die Nudität, welche auf das metaphysische Ausgezogensein des Geschöpfes vor Gott hindeutet. (Schon die Pythagoreer — 6. Jahrhundert vor Christus — haben das Barfussgehen beim Betreten eines Tempels vorgeschrieben. Diese Sitte — barfuss zu gehen — ist noch heute Brauch bei einem Zweig der Karmeliter (Ordo Carmelitarum Discalceatarum). Vgl. Mt. X, 10.)
10 Als Kirchenfürst.
11 Als Christi Statthalter.
12 Wie sie die Walliser brauchten (Hahnloser).
13 Schlüsselgewalt (Mt. XVI, 18-19).
14 Matthäus XXVI, 26.
15 Lucas I, 35; dort freilich: quod nascetur ex te sanctum ... Die Schriftbänder von Marcus und Lucas sind vertauscht.
16 Griechisch: xps, d.h. Christus. Nur «tu es xps» ist alt.
17 Stammt von einer Restaurierung aus dem Jahre 1880 oder 1908. Nach Stanz stand vorher ixxcccc, dazu ist ein m zu ergänzen — und das Ganze ist verkehrt zu lesen, also 1421, das Jahr der Grundsteinlegung der Kirche. Zwischen ixx und cccc lag eine Windstange; ob sich da ein l (: 50) befunden haben könnte, wissen wir nicht. Es wäre allerdings gewagt, auf dieser Grundlage das Fenster auf 1471 zu datieren (siehe Mojon). Später als 1457 kann es auch nicht datiert werden (siehe S. 139).
18 Marcus VIII, 29.
19 Ioannes I, 14.

20 Lucas I, 28.
21 Ioannes VI, 51-52 (mangelhaft).
22 auf einem feinen — fast orientalisch wirkenden — Brokatmuster. Als Hintergrund für den Kopf des Verkündigungsengels dienen Pfauenfedern; der Pfau galt als Symbol der Unsterblichkeit.
23 und diese «claritas» ist verwandt mit der inwendigen Gottesschau der Mystiker.
24 Geistiger Vater zu diesem Bild — sowohl als auch zum Hostienmühlenbild — ist wahrscheinlich der Leutpriester Johannes Stang.
25 Elf schlanke, hochgotische Lancett-Fenster, geschaffen 1325 bis 1330.
26 A. Hofmeister setzt es im letzten Viertel des 15. Jahrhunderts an und schreibt es Friedrich Walter (aus Dinkelsbühl, Bürger zu Nördlingen) zu. Als Stifter nennt er Kaspar von Mülinen. (S. 237—243).
27 Mojon. (Dieses Zeitalter der monumentalen Glasmalerei hatte eine Spanne von fast vier Jahrhunderten, dann begann der rasche Abstieg.)
28 Christus als lux mundi und lux nova. «Per lumina vera ad verum lumen» (Suger).
29 Ioannes I, 5.
30 Ioannes I, 4.
31 Mechtild von Magdeburg. Siehe S. 193, 4.
32 Die Architektur ist Zeichen: «Civitatem istam tu circumda Domine / et angeli tui custodiant muros eius»; Inschrift über dem Westportal in Corvey (vgl. Apoc. XXI, 12). Nach mittelalterlicher Auffassung ist civitas (coelestis) gleich ecclesia.
33 Mittelalter-Mystik ist als Vertiefung zu verstehen. Myein (gr.) = schliessen = die Augen schliessen = sich absondern, vertiefen.
34 Concordia Veteris et Novi Testamenti (siehe Kap. III).
35 Solche Bücher waren seit dem 13. Jahrhundert bekannt, und zwischen dem 14. und 16. Jahrhundert waren sie im deutschen Sprachraum (besonders im süddeutschen) weit verbreitet. Ähnliche Cyklen waren die «Speculum humanae salvationis» und die «Concordantia caritatis».

36 *Eine dieser Handschriften, die gut erhaltene Salzburger Armenbibel, zeigt sowohl den Mannasegen als das Quellwunder. Jede Darstellung hat den Antitypus als Hauptbild in der Mitte, umgeben von zwei Typen («ante legem» und «sub lege»), die (mit dem Wort «significat») auf das Hauptbild («sub gratia») hinweisen. Über dem Antitypus sieht man ein etwas kleineres Bild mit vier weissagenden Propheten.*
Die Schemata der Darstellungen mit Mannasegen und Quellwunder sehen bei der obengenannten Armenbibel so aus:

Melchisedech	Abendmahl	*Mannasegen*
(Gen. XIV, 16-20)		(Ex. XVI, 2-15)
M (hebr.: König der Gerechtigkeit) bringt Brot und Wein	Der Priester in Ewigkeit, die Sonne d. Gerechtigkeit, schenkt uns die Sakramente	
	Lebensbrot	Wüstenbrot
Adam	Seitenwunde	*Quellwunder*
(Gen. II, 21-24)		(Ex. XVII, 1-7)
Eva erwächst aus der Seite des «alten Adam»	Die Kirche erwächst aus der Seite des «neuen Adam»	
	Aus der Seitenwunde fliessen die Sakramente	Moses schlägt Wasser aus dem Felsen

Es ist zu bemerken, dass die Bezeichnungen «Typus» und «Antitypus» nach der geistigen Auffassung der mittelalterlichen Theologie und Mystik gewissermassen die «umgekehrte» Bedeutung hatten: Der «Antitypus» als Christusbild war Urbild, zugleich aber auch Verheissungsbild — er war überzeitlich, typus in saecula saeculorum; der «Typus» dagegen war nur Hinweis — und dem «Antitypus» völlig untergeordnet (s. S. 25).
37 Ex. XVII, 6.
38 «Der Felsen aber war Christus» (1. Kor. X, 4). Die Seitenwunde Jesu (vgl. Jo. XIX, 34) bezeichnet Iustinus M. (Dial.

LXX, 1) als Felsenhöhle, und Ambrosius (Exp. Ps. I, 33) nennt sie: wasserspendender, geöffneter Fels.
39 *«Petrus ad aquam» (siehe S. 135).*
40 *Mt. XVI, 18.*
41 *Apg. II, 41.*
42 *Ja, es gibt sogar Bilder, die auf eine typologische Identität hinauslaufen: Auf zwei Goldgläsern des 4. Jahrhunderts steht neben der Gestalt des an den Felsen schlagenden Mannes der Name Petrus. Hier geht es also eigentlich über eine repräsentativ-symbolische Zusammenstellung hinaus, indem Signifikant (Bezeichnendes) und Signifikat (Bezeichnetes) zusammenfallen.*
43 *Sieg, Freude, Reinheit, Unschuld.*
44 *Die Erneuerung in Christo (vgl. «... ich erlöse dich und rufe dich beim Namen, mein bist du» (Js. XLIII, 1)).*
45 *Forstner.*
46 *Zahl des Heils.*
47 *und alle Rüstzeiten (tempora clausa). Der Canon der liturgischen Farben wurde erstmals von Papst Innocent III. (1198 bis 1216) festgelegt in «De sacro altaris mysterio» I, c. 65 (Patr. Lat. CCXVII, 799 seq.); vgl. Durandus «Rationale divinorum officiorum» III, c. 18. Diese Ordnung änderte sich nur wenig, bis sie in dem Missale Pius' V. endgültig codificiert wurde — und bis in unser Jahrhundert gültig geblieben ist (Missale Romanum, Rubricae generalis Missalis, XVIII: De coloribus paramentorum).*
48 *«Und er zeigte mir einen Strom von Lebenswasser, glänzend wie Kristall; der geht vom Throne Gottes und des Lammes aus. Inmitten ihres Platzes und zu beiden Seiten des Stromes steht der Baum des Lebens, der zwölf Früchte trägt. Jeden Monat spendet er seine Frucht, und die Blätter des Baumes dienen zur Heilung der Völker» (Apk. XXII, 1-2).*
49 *«Gesegnet ist Moses, der die Mysterien Christi in Symbolen vor sich hertrug», sagt Ephraem der Syrer (De virg. 22, 1). Die alttestamentlichen Geschehnisse sind Vorformungen des Christus-Mysteriums, so wie die Kulthandlungen Nachbilder derselben sind («Alles, Herr, hast Du an Dich gezogen ...». Siehe S. 67).*
50 *Cyprianus Carth. (Ep. 63, 8) zieht eine Parallele zwischen dem*

gespaltenen Fels (Christus) in der Wüste und dem Lancenstich auf Golgatha. Und Origenes (Tract. Origenis de libris S. Script. 15) führt die Parallele weiter: zur Taufe und Eucharistie — als eschatologische Wiedergeburt.

51 *Dialogus cum Tryphone Judaeo, 114, 4. Wahrscheinlich der bekannte und sehr gelehrte Rabbi Tryphon. Der Dialog, der über eine zweitägige Unterredung berichtet, ist um 157 verfasst.*

52 *«Ströme lebendigen Wasser werden aus seinem Leibe fliessen» (Jo. VII, 38). Auch bei Ambrosius ist das Wasser Präfiguration des Blutes aus der Seitenwunde Christi.*

53 *«O Wasser, du beginnst die ersten, du vollendest die vollkommenen Mysterien. Vor dir der Anfang, in dir das Ende! Oder vielmehr, du machst, dass wir von keinem Ende wissen» (Ambrosius: In Luc. 10, 48). Vgl. auch Johannes Chrysostomos: Hom. 85 (Patr. Gr. LIX, 463).*

54 *Siehe S. 109.*

55 *«... und alles wird leben, wohin der Bach kommt» (Ez. XLVII, 9).*

56 *«Ich bin das Alpha und das Omega, der Anfang und das Ende. Ich will dem Dürstenden umsonst (zu trinken) geben vom Quell des Lebens-Wassers» (Apk. XXI, 6).*

57 *Einer von diesen trägt den Judenhut (pileum cornutum). Besonders seit dem IV. Lateran-Koncil 1215 war es üblich, Juden mit solchen Kopfbedeckungen darzustellen; seit dem 15. Jahrhundert wurde es seltener.*

58 *Von demselben Typ wie in Padua.*

59 *Vgl. auch andere Citate in diesem Traktat in bezug auf den Concordia-Begriff (siehe besonders Kap. III).*

60 *Der Kult drückt Erkenntnis und Verbundenheit mit dem Urbild aus.*

61 *Vgl. Augustinus: Enarr. in Psalmos XXXVIII. Der Sinn der Maiestas Domini, der uns weitgehend abhanden gekommen ist, ist Ausdruck derselben Weltanschauung.*

62 *Eben das ist es, was uns der Goldgrund sagen will (siehe S. 53), und genau das besagt uns die — mehr oder weniger verschlüsselte Achtzahl in der Sakralkunst (siehe S. 190, 24). Hugo von Saint-Victor sagt, dass die Wissenschaft nur einen Wert besitzt, insofern sie der Erbauung dient; und Meister Eckhart*

schreibt, dass Werke, die nicht von Gott durchdrungen sind, wertlos seien.

63 *Das ist auch der tiefste Sinn der Typologie (siehe S. 25).*
64 *Dieser Pfingsthymnus (In festo pentecostes) wird Hrabanus Maurus zugeschrieben. Er (um 780—856) war Erzbischof zu Mainz und wurde «Praeceptor Germaniae» genannt. «Fons vivus», vgl. Psalmus XXXV, 10.*
65 *(Hebr.: man hu; Volksetymologie: «Manna».) Vgl. wir Ex. XVI, 15 mit Jo. VI, 42 und 51 (Wer ist das? — Ich bin das lebendige Brot, das vom Himmel herabgekommene ist.).*
66 *Die Starken sind die Engel (vgl. Ps. CIII, 20). (In seiner augustinischen Epistula encyclica «Mystici Corporis Christi» vom 29. Juni 1943 nennt der grosse Papst Pius XII. die Hostie: Brot der Engel.)*
67 *Vgl. «Das Brot der Starken» (Ps. LXXVIII, 25), das «wie Honigkuchen schmeckte» (Ex. XVI, 31) — und das die «Süssigkeit» Gottes symbolisierte (vgl. Weish. XVI, 21). «Ecce panis angelorum» singt der Aquinate. «Brot der Engel», dieser Ausdruck wurde im Mittelalter oft für die Hostie verwendet. Das Brot des Melchisedeks (Gen. XIV, 18) wurde im 15. Jahrhundert (wie das Manna in der Wüste) manchmal als Hostie dargestellt.*
68 *denn sie suchten darin nicht mehr als eine Nahrung des Leibes. Jesus dagegen ist das Lebensbrot, das vom Himmel herabkommt — und zum Himmel emporführt. Jenes (das Wüstenbrot) war Vorbild, dieses (das Lebensbrot) ist die Erfüllung.*
69 *Isaak wird auf Christus bezogen (oft bis auf das Holztragen), vgl. Hebr. XI, 17 seq. und Jak. II, 21. Clemens von Alexandrien (2. Jahrhundert) schreibt: Denn Isaak machte Er zur Allegorie der geweihten Opfergabe und erwählte sich ihn aus, dass er ein Typus des Heilsgeschehens sein sollte.*
70 *Aus der Fronleichnams-Sequens (In festivitate Corporis Christi) «Lauda, Sion, salvatorem» von Thomas Aquinas (siehe S. 87 und 201,89).*
71 *Abbildung bei Brugger II, S. 285, Fig. 352. (In derselben Kirche befindet sich der Heilig-Blut-Altar (1501—1505) von Tilman Riemenschneider mit der berühmten Abendmahls-Darstellung im Mittelschrein.)*

Ich weise auch auf ein frühes Werk von Hieronymus Bosch (um 1450—1516) hin. Dieses Bild, das tief in der spätmittelalterlichen Mystik wurzelt, zieht eine Parallele zwischen Mannalese und Epiphanie. Dargestellt wird «Die Anbetung der Könige». Der König, der dem Betrachter am nächsten steht, hat auffällig grosse Wamsärmel; und auf dem einen sieht man — in grossfiguriger Stickerei — die Mannalese. Dieser König (Caspar) ist der dritte — und bringt (nach Fulgentius (gestorben 532)) Myrrhe dar, welche die Opfergabe an Christus als Erlöser ist. Die drei Könige aus den drei Weltteilen repräsentieren — als die ersten Opferdarbringer Christi — die Gemeinde der universalen Kirche. Das Bild weist also mit aller Deutlichkeit auf die Eucharistie hin. Das Gemälde (74×54 cm) befindet sich seit 1914 in der Johnson-Sammlung in Philadelphia.

72 Und das bedeutet Völker zu allen Zeiten; die Wüstenwanderung und das Leben in der Welt sind eine Konfrontation mit dem Wort Gottes zu allen Zeiten.

73 Und Jeremia verkündet (XXXI, 31): «Siehe, es kommen Tage — spricht Jahwe —, da werde ich mit dem Hause Israel und dem Hause Juda einen neuen Bund schliessen.» Vgl. Malachias I, 11 seq.

74 «Das Lamm stand auf dem Berge Sion» (Apk. XIV, 1).

75 Name und Werkstatt sind unbekannt; von nächster Umgebung scheint er nicht zu sein.

76 Diese Schattierungsart kommt sonst erst in der 2. Hälfte des 15. Jahrhunderts vor. Siehe J. Meder: «Die Handzeichnung», Wien 1923. S. 574.

77 Sct. Benedikt zu Biel (1451—1458).

78 «Divinam ex Patre, carnalem ex matre, spiritualem in mente ...» (Innocentii III Sermones: Sermo 3 de Nat. Dom.; Patr. Lat. CCXVII, 459).

79 Sermo de Nat. Dom. (Opera omn., ed. Vivies, Paris 1876, tom. 29, S. 287 (dem Aquinaten zugeschrieben)). Hier ist hinzugefügt: Hoc significant tres missae in die nativitatis.

80 «Von drien geburten» (Ferdinand Vetter: Die Predigten Taulers, Berlin 1910, S. 7 seq.).

81 *Wir sind ein Beiwort zum Worte Gottes — und unsere Seele ein Spiegel Seiner Liebe (vgl. Jo. I, 1 und 14).*
82 *Vgl. «Qui spoliant Moysem», S. 159,8.*
83 *Vgl. Mt. XXVII, 51 und XXIV, 27.*
84 *«Der Lehrer der Welt» genannt.*
85 *Siehe unten.*
86 *sub utraque specie (im Gegensatz zu sub una specie). Siehe unten.*
87 *Um 1170—1245. Franciscaner. Seine «Summa theologiae», 4, q. 38, n. 5.*
88 *Seine «Summa theologiae», 3, q. 76, a. 1.*
89 *Fracto demum sacramento   Wird das Sakrament gespalten,*
   Ne vacilles, sed memento   Schwank nicht, lass das Eine
   Tantum esse sub fragmento,   walten:
   Quantum toto tegitur!   So viel ist im Stück enthalten,
                                    Wie das Ganze in sich führt.
   (Thomas Aquinas: Fronleichnams-Sequens: «Lauda, Sion, salvatorem» (siehe S. 87 und 199,70)).
90 *Am 11. Oktober 1551 im Tridentinum (Sessio XIII, cap. III (vgl. Sessio XXI, cap. IV, can. 3)).*
91 *König 1378—1419 (und Kaiser bis 1400).*
92 *König 1377, gestürzt 1399, gestorben 1400.*
93 *Die moderaten Hussiten (und sie waren in der Mehrzahl) wurden Calixtiner oder Utraquisten genannt; die radikalen: Taboriten.*
94 *Erzbischof von Prag; gestorben 1473.*
95 *Die Prager- (oder Basler-) compactata vom 30. November 1433 unter Papst Eugen IV.*
96 *der als Enea Silvio de Piccolomini am Basler-Koncil teilgenommen hatte als Sekretär für Kardinal Domenico Capranica.*
97 *Inschrift eines Kelches (wohl um 1145) in der Kloster-Kirche Saint-Denis, Paris. Das lateinische «ornare» (schmücken) hatte im Mittelalter die Nebenbedeutung: ehren. Den Ornat legt der Priester an, um Gott zu ehren und verehren. Vgl. auch Psalmus XXV, 8.*
98 *Nach Vorschrift musste dieser Kelch — mindestens innen — vergoldet sein.*

99 *Die Stola (Orarium) ist Sinnbild des Gehorsams in Leiden, also ein Christus-Symbol. Sie muss vom Priester (oder Diakon) getragen werden während der Austeilung des Heiligsten Sakramentes.*

100 *In der pränicaeanischen Kirche hat man stehend kommuniziert. Seit dem 11. Jahrhundert hat sich in der katholischen Kirche (nicht aber in der orthodoxen) das Knien bei der Kommunion mehr und mehr durchgesetzt. Die Ablution hat man gewöhnlich stehend empfangen.*

101 *Das war unkonsekrierter Wein (und/oder Wasser).*

102 *Abspülen (lat., abluere). Es gab mehrere z.B. ablutio calicis, ablutio digitorum etc. Ablution, die besonders nach dem sub una in Gebrauch kam, diente eigentlich zum Spülen des Mundes nach der Kommunion, damit nicht einige Reste vom Corpus Christi im Mund verblieben; «ab abluendum os diligenter, ne aliqua particula hostiae remaneat inter dentes», wie es geschrieben steht in dem Liber ordinarius des Sct. Jakobsklosters in Lüttich (P. Dr. Paulus Volk, O.S.B.: «Der Liber ordinarius des Lütticher Jakobsklosters», Münster i.W., 1923, S. 99).*

Dieser Zug mit dem Krüppel ist typisch für dieses erhabene und doch volkstümliche Fenster in dieser «bürgerlichen» Kirche.

103 *(In der byzantinischen Liturgie (Chrysostomos) wird zunächst (in der Proskomidie) kaltes — dann aber (vor der Kommunion) warmes Wasser dem Wein beigemischt, ein Hinweis auf die Hingabeglut der Gläubigen; das warme Wasser (aus dem Zeon (teplota)) bewirkt ausserdem, dass die Mischung die Temperatur des Blutes erhält.)*

Die «commixtio vini et aquae» in der römischen Messe symbolisiert nicht allein die unio hypostatica, sondern auch die Vereinigung der Menschheit mit der Gottheit (Tridentinum, Sessio XXII, cap. VII. Vgl. das Gebet zur Mischung («Deus, qui humanae): «... da nobis per huius aquae et vini mysterium ...»).

XXVIII. NÜRNBERG

1 *Stileinfluss: Schwäbisch-Gmünd. Eine Inschrift berichtet: 1439 an Simon Judas Tag (d. h. am 28. Oktober) ward der kor angefangen dar nach 1477 an dem heiligen oster abent (d. h. am 5. April) ward er vollbracht. Baumeister: Konrad und sein Sohn, Mathias Roritzer.*
2 *Wie auch Tucher, Holler, Volkamer, Hirsvogel, Rieter u. a. m.*
3 *Privileg von 1219.*
4 *Zwei Fenster westlicher in der Südseite des Chores.*
5 *Um 1450, siehe Kapitel XXVII.*
6 *Später fast in Vergessenheit geraten.*
7 *Die Verkündigungs-Scene hat eine auffallende Ähnlichkeit mit der des Hostienmühlen-Fensters in Bern (siehe Kapitel XXVII); auch hier ist das Scepter des Verkündigungs-Engels ganz zu einer Fahnenstange für das Spruchband reduciert.*
8 *Die Symboltiere sind anthropomorph dargestellt.*
9 *Alle Evangelisten — ausser Johannes — sind von Kellner 1839 ergänzt worden.*
10 *Die Oblaten-Kreuze im Korb von Matthäus sind viel einfacher gestaltet als die Oblaten-Kreuze in den zwei anderen Körben.*
11 *Dieser Wandel ist nicht ausschliesslich eine ästhetische Frage, vielmehr beruht er auf einer Reaktion gegen den veränderten Rang des Bildfensters in der Architektur. In der hochgotischen Sainte-Chapelle, Paris, einer wahren capella vitrea (1248 von Pierre de Montereau vollendet), haben die Glasfenster weitgehend die Rolle des Mauerwerkes übernommen. «Diese gläsernen Wände aber dürfen den Raum nicht aufreissen, nicht verleugnen — ihre Farbigkeit muss vielmehr so tief, so gesättigt sein, so viel «Substanz» haben, dass sie die Fenster befähigen, ihre architektonische Rolle zu übernehmen und echte Partner der Bauglieder zu werden» (E. Frodel Kraft: «Die Glasmalerei», Wien und München 1970. S. 80).*
Während in der Hochgotik eine intensive, «gesättigte», tiefe Farbe im Vordergrund steht und ein harmonisches Farb-Licht-Gewebe herrscht, tritt, besonders am Ende der Spätgotik, eine gewisse Spannung zwischen Licht und Farbe hervor.

12 *Von fünf Feldern.*
13 *In der Mitte.*
14 *Zwei Felder auf beiden Seiten des Mühlwerks.*
15 *Der Eucharistie-Gedanke ist ja in diesem Bild stark betont.*

XXIX. HOLZSCHNITT

1 *Emil Weller: «Repertorium typographicum», Nördlingen 1864. Nrn. 1740-43; und in verschiedenen Lexika.*
2 *Peter Hegg: «Schweizerisches Gutenbergmuseum», Jahrgang XL, 1954. S. 135 seq.*
3 *Staatsbibliothek Bern, «Miscellanea Helvetica», T. 1, H. XXII. 112.*
4 *Zentralbibliothek Zürich, «Zwingli», 106 b 1.*
5 *Ein Mühlrad, darüber ein Kreuz.*
6 *Der Heilige Geist.*
7 *Ein vielgebrauchtes Zerevis für den Bauern der deutschen Reformationszeit.*

KURZGEFASSTE BIBLIOGRAPHIE

Acta Apostolicae Sedis, Rom 1909 seq.
Acta Apostolorum apocrypha, 2 Bde., v. R. A. Lipisus u. M. Bonnet, Leipzig 1891—1903.
Acta Sanctorum, ed. Bollandus, Paris 1863 seq.
Algermissen, K. u. a., *Lexikon der Marienkunde*, Regensburg 1957.
Altaner, Bertold, *Patrologie*, Freiburg i. Br. 1950.
Analecta Hymnica Medii Aevi, hg. v. G. M. Dreves u. a., 55 Bde., Leipzig 1886—1922.
Assunto, Rosario, *Die Theorie des Schönen im Mittelalter*, Köln 1963.
Aurenhammer, H., *Lexikon der christlichen Ikonographie*, Wien 1967.
Badt, Kurt, *Die Idee der Welt und das Selbst als fundamentale Wesenheiten bildender Kunst; Festschrift für Walter Friedlaender*, London 1933.
Bauch, Kurt, *Kunst als Form; Jahrbuch für Ästhetik und allgemeine Kunstwissenschaft* VII, 1962, S. 167—188.
Baudenkmäler, Die, des Regierungs-Bezirks Stralsund (E. v. Haselberg), Stettin 1881.
Baum, J., *Die Malerei und Plastik des Mittelalters; Handbuch der Kunstwissenschaft*, Wildpark-Potsdam 1930.
Bäumker, W., *Das katholische deutsche Kirchenlied*, Freiburg i. Br. 1886.
Bayrische Frömmigkeit, 1400 Jahre christliches Bayern; Ausstellung des Eucharistischen Weltkongresses, Stadtmuseum München, München 1960.
Behrens, Reinhold, *Der Göttinger Barfüsser-Altar*, Bonn 1939.
Beinsteiner Heimatblatt Nr. 8, 1921.
Beissel, St., *Geschichte der Verehrung Marias in Deutschland während des Mittelalters*, Freiburg i. Br. 1909.
Bergner, H., *Handbuch der kirchlichen Kunstaltertümer in Deutschland*, Leipzig 1905.
Berliner H., *Zur Sinnesdeutung der Ährenmadonna; Die christliche Kunst*, 26, München 1930.

BIBLIOGRAPHIE

Bibliotheca hagiographica Latina antiqua et mediae aetis, ed. soc. Bollandiani, 2 Bde., Bruxelles 1898 seq.
Bibliothek der Kirchenväter, 83 Bde., Kempten 1911 seq.
Biemel, Walter, *Die Bedeutung von Kants Begründung der Ästhetik für die Philosophie der Kunst*; Kantstudien, Köln 1959.
Boeckl, K., *Die Eucharistielehre der deutschen Mystiker des Mittelalters*, Freiburg i. Br. 1924.
Bourassé, J. J., *Summa aurea de laudibus Beatissimae virginis Mariae* IX, X, Paris 1862.
Boving, R., *Zur Theologie eines Altarbildes aus der ehemaligen Franziskanerkirche Göttingen*; Franz. Studien 5, 1918.
Braun, J., *Der christliche Altar in seiner geschichtlichen Entwicklung*, München 1924.
— *Das christliche Altargerät in seinem Sein und seiner Entwicklung*, München 1932.
— *Tracht und Attribute der Heiligen in der deutschen Kunst*, Stuttgart 1964.
Browe, P., *Die Verehrung der Eucharistie im Mittelalter*, Rom 1967.
Bruck, R., *Die elsässische Glasmalerei vom Beginn des XII. bis zum Ende des XVII. Jahrhunderts*, Strassburg 1902.
Burger, Fritz u. a., *Die deutsche Malerei vom ausgehenden Mittelalter bis zum Ende der Renaissance*, Berlin-Neubabelsberg 1913 u. 1917.
Butler, A., *Lives of the Saints*, London 1956.
Butler, C. E., *Western Mysticism*, London 1926.
Byzantine Art, IXth Exhibition of the Council of Europe, Athens 1964.
Cali, François u. a., *Das Gesetz der Gotik*, München 1965.
Cirlot, J. E., *A Dictionary of Symbols*, London 1962.
Clemen, P., *Die gotischen Wandmalereien der Rheinlande*, Düsseldorf 1930.
de Clercq, C., *Le pressoir mystique d'Aerschot dans la tradition iconographique*; Revue belge d'arch. et de hist. de l'art, VI, 1936.
von Cochem, Martin, *Neue Legend der Heiligen*, 4 Tle., Augsburg-Dillingen 1708.
Corblet, Jules, *Histoire dogmatique, liturgique et archéologique du sacrement de l'Eucharistie*, 2 Bde., Paris 1885—1886.

BIBLIOGRAPHIE

— *Vocalulaires des symboles et des attributs employés dans l'iconographie chrétienne*, Paris 1877.
Cornell, H., *Bibia Pauperum*, Stockholm 1925.
Corpus apologetarum christianorum saeculi secundi, Otto, Jena 1876—1881.
Corpus scriptorum ecclesiasticorum latinorum, Wien 1866 seq.
Corpus vitrearum medii aevi.
Dehio, G., *Geschichte der deutschen Kunst*, Leipzig 1919—1926.
— *Handbuch der deutschen Kunstdenkmäler: Baden-Württemberg*, Berlin 1964.
— *Handbuch der deutschen Kunstdenkmäler: Die Bezirke Neubrandenburg, Rostock, Schwerin*; Berlin 1968.
Deissmann, A. u. Wegener, H., *Die Armenbibel der Serai*, Berlin u. Leipzig 1934.
Deschamp, P., *Die romanische Plastik Frankreichs, 11. und 12. Jahrhundert*, Florenz-Berlin 1930.
Dilthey, Wilhelm, *Die Entstehung der Hermeneutik (1900); Gesammelte Schriften V*, Stuttgart-Göttingen 1957.
Diringer, D., *The Illuminated Book, its History and Production*, London 1958.
Doering, O., *Christliche Symbole*, Freiburg i. Br. 1940.
Dumoutet, E., *Corpus Domini. Au source de la piété eucharistique médiévale*, Paris 1942.
Durandus, Wilhelm, *Rationale divinorum officiorum*, Mainz 1459, Lyon 1565.
Dvorak, Max, *Kunstgeschichte als Geistesgeschichte*, München 1928.
Ebner, Adalbert, *Quellen und Forschungen zur Geschichte und Kunstgeschichte des Missale Romanum im Mittelalter*, Freiburg i. Br. 1896.
Eggart, Hermann, *Die spätgotischen Wandmalereien in der Pfarrkirche zu Eriskirch; Schriften des Vereins für Geschichte des Bodenseeraums und seiner Umgebung, 61, 1934.*
Ehrenstein, T., *Das alte Testament im Bilde*, Wien 1923.
Erdmann, Georg, *Die Reformation in Göttingen*, Göttinger Dissertation 1888.
Eucherius, *Formulae spiritalis intelligenta (in Pitra: Analecta sacra, 1876—1883, II, S. 531).*

BIBLIOGRAPHIE

Falco, Giogio, Geist des Mittelalters, Zürich 1958.
Ferguson, George, Signs and Symbols in Christian Art, New York 1961.
Feulner, A. u. Müller Th., Geschichte der deutschen Plastik, München 1953.
Fischel, L., Die Berner Chorfenster; Zeitschrift für Kunstwissenschaft, XV, 1961.
Fischer, O., Geschichte der deutschen Malerei; Bruckmanns: Geschichte der deutschen Kunst, III, München 1956.
Forstner, D., Die Welt der Symbole, Innsbruck-Wien 1961.
Franz, Adolf, Die Messe im deutschen Mittelalter, Freiburg i. Br. 1902.
Frenken, G., Wunder und Taten der Heiligen, München 1964.
Frenzel, Gottfried, St. Lorenz, Nürnberg, Augsburg 1968.
Frodel-Kraft, E., Die Glasmalerei, Wien-München 1970.
Fründt, E., Die Klosterkirche zu Doberan, Berlin 1969.
Gazette archéologique X, 1885.
Gessler, J., De mystieke Winjpers te Aarschot en Elders, 2. Auflage, Löwen 1942, Taf. 9.
Giesen, J., Das Bild der «Hostien-Mühle» in Worms; Der Wormsgau 1, 1939.
Goldschmidt, A., Die Elfenbeinskulpturen aus der Zeit der karolingischen und sächsischen Kaiser, Berlin 1914—1926, Bd. I, Taf. XX, 40.
Görres, J., Wesen und Grundlagen der katholischen Mystik, Regensburg 1836.
Grabmann, M., Die Kulturwerte der deutschen Mystik des Mittelalters, Augsburg 1923.
Gradt, Johannes, Die St. Leonhards-Kirche in Tamsweg; Mitteilungen der K.-K. Central-Commission zur Erforschung und Erhaltung der Baudenkmale, XIX. Jahrg., Wien 1874.
Groedecki, L., Les vitraux allégoriques de Saint-Denis; Art de France I, Paris 1961.
von Groote, E., Lieder Muskatblüts, Köln 1852 (Wack. II, 651).
Grunau, Gust., Festschrift zur 500-Jahr-Feier der Grundsteinlegung (des Berner-Münsters), Bern 1921.
Haag, H., Bibel-Lexikon, Einsiedeln-Zürich-Köln 1968.

BIBLIOGRAPHIE

Haendcke u. Müller, Das Münster zu Bern, Bern 1894.
Häfner, Karl, Heimatgeschichte eines schwäbischen Dorfes (Malmsheim); Verlag der schwäb. Heimat, Stuttgart 1934.
Hahnloser, H., Chorfenster und Altäre des Berner Münsters, Bern 1950.
— in *Scritti di Storia dell'arte in onore di Mario Salmi, II; De Luca Editore,* Roma 1962, S. 377 seq.
Haller, J., Das Papsttum, 5 Bde., Stuttgart 1950—1953.
Hefele, C. J., Conciliengeschichte, 9 Bde., Freiburg i. Br. 1855—1874.
Hegg, Peter, in Katalog der Dürer-Ausstellung, Nürnberg 1971, S. 220.
— in *«Schweizerisches Gutenbergmuseum», XL,* Bern 1954.
Heider, G., Beiträge zur christlichen Typologie aus Bilderhandschriften des Mittelalters; Jahrbuch der K.-K. Central-Commission, 5, Wien 1861.
Hennecke, E. u. Schneemelcher N., Neutestamentliche Apokryphen in deutscher Übersetzung, 2 Bde., Tübingen 1959, 1964.
Heppe, Geschichte der quietistischen Mystik in der katholischen Kirche, Berlin 1875.
Herrade de Landsberg, Hortus deliciarum, hg. v. A. Straub und G. Keller, Strassburg 1899.
Heye, E., Die Hostienmühlen in Loffenau, Krs. Calw, und Malmsheim, Krs. Leonberg; Nachrichten der Denkmalpflege in Baden-Württemberg, 5. Jahrgang, 1962, Heft 3.
Hoch, G. u. Endre, Ivanka, Sakramentalmystik der Ostkirche. Das Buch vom Leben in Christus des Nikolaos Kabasilas, Klosterneuburg, 1958.
Hofmeister, A., Die allegorische Darstellung der Transsubstantiation unter dem Bilde der Mühle; C. M. Wiechmann, Mecklenburgs altniedersächs. Literatur, Schwerin 1885.
Howe, G., Das Gottesbild im Abendland; Glaube und Forschung, 15, Berlin 1958.
Hugelsdorfer, Schweizer Handzeichnungen des 15. und 16. Jahrhunderts, Freiburg 1928.
Jacobus de Voragine, Legenda aurea, Köln 1969.
Jahrbuch für Liturgiewissenschaft (O. Casel), Münster i. W. 1921 seq.
Jerusalemer Bibel, Freiburg i. Br. 1968.

BIBLIOGRAPHIE

Jungmann, J. A., Missarum sollemnia, 2 Bde., Wien 1952.
— *Symbolik der katholischen Kirche, Stuttgart 1960.*
Karlinger, H., Die Kunst der Gotik, Berlin 1962.
Katalog der Niedersächsischen Landesgallerie Hannover, 1954, S. 87 seq., Kat.Nr. 182—184.
Kerler, D. H., Die Patronate der Heiligen, Ulm 1905.
Kirchbaum, E., Lexikon der christlichen Ikonographie, Freiburg i. B. 1968 seq.
Kislinger, Franz, Gotische Glasmalerei in Österreich bis 1450, Wien 1928.
Klages, Ludwig, Der Geist als Widersacher der Seele, 4 Bde., Leipzig 1929—1933.
Klebel, Ernst, Der Lungau, Salzburg 1960.
Koch, Herbert, Sonderformen des Heilandkreuzes; Studien zur deutschen Kunstgeschichte, Bd. 303, Strassburg 1934.
Kraus, F. X., Geschichte der christlichen Kunst, Freiburg i. Br. 1896 seq.
Kugler, F., Pommersche Kunstgeschichte, Stettin 1840.
de Kunert, S., Una capella distrutta nella Basilica di Sant'Antonio di Padova; «L'Arte» 9, 1906, S. 52—56.
Kunstdenkmäler der Provinz Schlesien II, Breslau 1889.
— *des Kreises Tettnang, 1937.*
— *, Deutsche, Mecklenburg, Reinhardt Hootz, 1971.*
— *des Regierungs-Bezirks Stralsund III, 1888.*
— *der Provinz Sachsen. Die Stadt Erfurt I, 1929.*
— *von Mecklenburg-Schwerin I u. III, 1900.*
— *in Württemberg, Neckarkreis, 1889.*
— *: siehe auch Baudenkmäler, Dehio und Verzeichnis ...*
Kunst- und Geschichtsdenkmäler des Grossherzogtums Mecklenburg-Schwerin, 1898.
Künstle, K., Ikonographie der christlichen Kunst, Freiburg i. Br. 1928.
Küppers, Leonhard, Die Gottesmutter I, II, Recklinghausen 1974.
Landmann, E., Das Primat der Dichtung; Georgika, Heidelberg 1920.
Langosch, K., Hymnen und Vagantenlieder, Darmstadt 1954.
Lagrange, F., Histoire de St. Paulin de Nole, Paris 1884.

de Lasteyrie, F., Notes sur quelques représentations alégoriques de l'Eucharistie; Mém. de la Société des Antiquaires de France, 39, 1878.
Lempertz, Heinrich, Wesen der Gotik, Leipzig 1926.
Lexikon für Theologie und Kirche, 11 Bde., Freiburg i. Br. 1957 bis 1965.
Libri Carolini (Codex Vat. Lat. 7207); Monumenta Germaniae historica. Legum sectio 3: Concilia. Tl. 2, Supp.; L. C. Hg. H. Bastgen, Hannover 1924.
Lindet, L., La représentation allég. du moulin et pressoir dans l'art chrétien; Revue Archéologique, 36, Paris 1900.
Lindgren, Mereth, Eukaristiska allegorier i uppländskt kalkmaleri, Kristusfremstillinger, Kopenhagen 1980. S. 190—193.
Lotthé, E., La pensée chrétienne dans la peinture flamande et hollandaise de Van Eyck à Rembrandt; Le Christ et la Vierge Marie, 2 Bde., Lille 1947.
Lübke, Wilhelm, Geschichte der Plastik, Leipzig 1880.
Lüers, Grete, Die Sprache der deutschen Mystik des Mittelalters im Werke der Mechtild von Magdeburg, München 1926.
Lurker, M., Symbol, Mythos und Legende in der Kunst, Baden-Baden und Strassburg 1958.
— Wörterbuch der Symbolik, Stuttgart 1979.
Lutz, J. u. Perdrizet Paul, Speculum humanae salvationis, Mülhausen-Leipzig 1907—1909.
Mâle, E., L'art religieux du XIIe siècle en France, Paris 1924, 1966.
— L'art religieux du XIIIe siècle en France, Paris 1958.
— L'art religieux de la fin du moyen âge en France, Paris 1949.
Mansi, J. D., Sacrum conciliorum, nova et amplissima collectio, 31 Bde., Florenz-Venedig 1757—1798.
Martin, A., Das Bild der Hostenmühle in Worms; Mitteilungen des Altertumsvereins Worms, 10, 1939.
Maync, H., Die altdeutschen Fragmente von König Tirol von Schotten und Fridebrant, Tübingen 1910.
Meder, J., Die Handzeichnung, Wien 1923.
Menzel, W., Christliche Symbolik, 2 Bde., Regensburg 1854.
Mersmann, W., Die Bedeutung des Rundfensters im Mittelalter. Dissertation (ungedruckt) Wien 1944.

BIBLIOGRAPHIE

Michaëlis, W., Die apokryphen Schriften zum Neuen Testament, Bremen 1962.
Migne, J.-P., Patrologia Latina (Patr. Lat.), 221 Bde., Paris 1878 bis 1890.
— Patrologia Graeca (Patr. Gr.), 161 Bde., Paris 1857—1866.
Molsdorf, W., Christliche Symbolik der mittelalterlichen Kunst, Leipzig 1926.
Mojon, Luc, Das Berner Münster; Kunstdenkmäler der Schweiz, Kanton Bern IV, Basel 1960.
— Der Münsterbaumeister Matthäus Ensinger; Berner Schriften zur Kunst, X, 1967.
Morin, G., Ancedota Maredsolana, Maredsoli 1893 seq.
Müller, E. R., Heinrich Laufenberg, Dissertation Strassburg 1888.
Münzenberger, E. F. A., Zur Kenntnis und Würdigung der Mittelalterlichen Altäre Deutschlands 1, Frankfurt a. M. 1885—1890.
Nord, F., Etymologisch-symbolisch-mythologisches Realwörterbuch, 4 Bde., Stuttgart 1843—1845.
Otte, Handbuch der kirchlichen Kunst-Archäologie, 1883.
Overmann, A., Die älteren Kunstdenkmäler der Stadt Erfurt, Erfurt 1911.
Panofsky, E., Abbot Suger on the Abbey Church of St-Denis and its Art Treasures, Princetown 1946.
Parker, K. T., Drawings of the early German schools, London 1926.
Patr. Gr.: siehe Migne, J.-P., Patrologia Graeca.
Patr. Lat.: siehe Migne, J.-P., Patrologia Latina.
Paul, Sundische und Lübische Kunst, Berlin 1914.
Pfaff, F., Die grosse Heidelberger Liederhandschrift, Heidelberg 1900.
Pfeiffer, Franz, Deutsche Mystiker des 14. Jahrhunderts (2 Bde.), Leipzig 1845—1857.
Pfleiderer, R., Die Attribute der Heiligen, Ulm 1920.
Philippi, F., Abhandlungen zur Corveyer Geschichtsschreibung, 1906.
Picinelli, Ph., Mundus symbolicus, Köln 1729.
Piper, F., Mythologie der christlichen Kunst, Leipzig 1847.
Pitra, J.-B., Analecta sacra, 4 Bde., 1876—1883.
Prausnitz, G., Der Wagen in der Religion, seine Würdigung in der Kunst; Studien zur deutschen Kunstgeschichte, Bd. 187, Strassburg 1916.

Preger, W., Geschichte der deutschen Mystik im Mittelalter, Leipzig 1874.
Preuss, Hans, Die deutsche Frömmigkeit im Spiegel der bildenden Kunst, Berlin 1926.
Rahner, Hugo, Symbole der Kirche, Salzburg 1964.
Reallexikon zur deutschen Kunstgeschichte, Stuttgart 1937 seq.
Réau, L., Histoire de la peinture au moyen âge, Melun 1947 seq.
— Iconographie de la Bible, II.'2, Nouveau Testament, Paris 1957.
Rech, Photina, Inbild des Kosmos, 2 Bde., Salzburg 1966.
Rhabanus Maurus, De universo (PL 3, 603 B).
— Allegoriae in S. Scripturam (PL 112, 1020 C).
Riehl, Berthold, Studien zur Geschichte der Bayrischen Malerei des 15. Jahrhunderts, München 1895.
Rigoni, E., Novi documenti sul Mantegna; Atti del reale istituto veneto di scienze, lettere ed arti, 87, 1927—1928.
Rost, H., Die Bibel im Mittelalter, Augsburg 1939.
Röttger, B. H., Malerei in Unterfranken, Augsburg 1926.
Sauer, J., Symbolik des Kirchengebäudes und seiner Ausstattung in der Auffassung des Mittelalters, Freiburg i. Br. 1924.
Scaramelli, Anleitung zur mystischen Theologie (2 Bde.), Regensburg 1855—1856.
Schade, Oskar, Satiren und Pasquille aus der Reformationszeit, I, Hannover 1863.
Schal, Adolf, Christus in der Kelter; Schwäbische Heimat 2, 1951.
Scheffer, Karl, Der Geist der Gotik, Leipzig 1917.
Schefold, M., Die Hostien-Mühle im Museum der Stadt Ulm; Aus dem Museum der Stadt Ulm, Wien 1925.
Schellenberg, E. L., Die deutsche Mystik, Berlin 1924.
von Schlosser, J., Quellenbuch zur Kunstgeschichte des abendländischen Mittelalters; Quellenschriften zur Kunstgeschichte und Kunsttechnik, VII, Wien 1896.
— Zur Kenntnis der künstlerischen Überlieferung im späten Mittelalter; Jahrbuch der kunsthistorischen Sammlungen des Allerhöchsten Kaiserhauses, 23, Wien 1902.
Schmid, J., Schöne Miniaturen aus Handschriften der Kantonsbibliothek Luzern, Luzern 1941.
Schmidt, G., Die Armenbibel des 14. Jahrhunderts, Graz-Köln 1959.

BIBLIOGRAPHIE

Schmidt, R., Tätigkeitsbericht des Württembergischen Landesamtes für Denkmalpflege über das Jahr 1934.
Schmitz, Hermann, Die Gotik im deutschen Kunst- und Geistesleben, Berlin 1921.
Schnaase, Carl, Geschichte der bildenden Kunst im Mittelalter, Düsseldorf 1874.
Scholen, G., Die jüdische Mystik in ihren Hauptströmungen, Frankfurt 1957.
Schönbach, A. E., Altdeutsche Predigten, 1891.
Schramm, A., Der Bilderschmuck der Frühdrucke, Leipzig 1920 seq.
Schulz, Heinrich, Die mittelalterliche Sakramentsmühle; Zeitschrift für bildende Kunst, 63, Heft 9, Leipzig 1929.
Schwäbisches Heimatbuch, Stuttgart 1935.
Seathoff, Albrecht, Aus Göttingens Kirchengeschichte, Göttingen 1929.
Sedlmayr, Hans, Die Entstehung der Kathedrale, Zürich 1950.
Seppelt, F. X., Geschichte des Papsttums, 6 Bde., München 1954 seq.
von Simson, Otto, Die gotische Kathedrale, Darmstadt 1972.
Skovgaard-Petersen, C., Bibelen gennem tusind Aar, Kopenhagen 1930.
Staffelbach, G., Das Berner Hostienmühlenfenster im Weihnachtslicht; Schweizerische Kirchenzeitung 1945.
— Die Darstellung der Hostien-Mühle in Bern und Luzern; «Heimatland», Ill. Monatsbeilage des «Vaterland», 3, Luzern 1946.
Stange, Alfred, Deutsche Malerei der Gotik, München 1938.
— Die deutschen Tafelbilder vor Dürer, II, München 1970.
Stanz, L., Münsterbuch, eine artistisch-historische Beschreibung des St. Vincenzen Münsters in Bern, Bern 1865.
Steinbuchl, Theodor, Christliches Mittelalter, Darmstadt 1968.
von den Steinen, Wolfram, Homo Coelestis, Bern-München 1965.
Steinmann, U., Das mittelniederdeutsche Mühlenlied; Jahrbuch des Vereins für niederdeutsche Sprachforschung, LVI/LVII, Hamburg 1932. (Rostocker Dissertation von 1931.)
Stuhlfauth, G., Neuschöpfung christlicher Sinnbilder; Festschrift für E. Fehrle zum 60. Geburtstag; Brauch und Sinnbild, Karlsruhe 1940.
Sugerius, De rebus in administratione sua gestis (PL 186).

BIBLIOGRAPHIE

Thomas, A., Die Darstellung Christi in der Kelter; Forschung zur Volkskunde, 20/21, Düsseldorf 1936.
— Maria der Acker und die Weinrebe in der Symbolvorstellung des Mittelalters, Trier 1950.
— Die mystische Mühle; Die christliche Kunst, 31, München 1934 bis 1935.
Tikkanen, J. J., Die Psalterillustrationen im Mittelalter, Leipzig 1900.
Tillich, Paul, Theologi and symbolism, New York 1955.
Tyciak, Julius, Die Geheime Offenbarung und die kirchliche Liturgie, Warendorf 1947.
Vagaggini, Cyprian, Theologie der Liturgie, Einsiedeln 1959.
Verzeichnis der Kunstdenkmäler der Provinz Schlesien, II, Die Landkreise des Bezirks Breslau, Breslau 1889.
Viebig, Joannes u. a., Die Lorenzkirche in Nürnberg, Königstein 1971.
Vloberg, M., L'Eucharistie dans l'art, Grenoble-Paris 1946.
Volk, Paulus, Der Liber ordinarius des Lütticher Jakobsklosters, Münster i. W. 1923.
Wackernagel, Ph., Das deutsche Kirchenlied, Leipzig 1867.
Walafried Stabo, De natali Domini (PL 114, 1086 B).
Watts, Allan W., Mythus und Ritus des Christentums, München 1956.
Weichmann, C. M., Mecklenburgs altniedersächsische Literatur, Schwerin 1885, Kap. CXCVI.
Weisbach, Werner, Ausdrucksgestaltung in mittelalterlicher Kunst, Einsiedeln 1948.
Weller, Emil, Repertorium typographicum, Nördlingen 1864.
Wenschkewitz, Hans, Die Spiritualisierung der Kultusbegriffe, Leipzig 1932.
Wetter, Gallis P., Altchristliche Liturgien, das christliche Mysterium, Göttingen 1921.
Werner, F. A., Beschreibung und Auslegung des jüngst restaurierten grossen Altar-Schnitzwerks in der S. Thomae-Kirche zu Tribsees, Stralsund 1860.
Wernicke, Ernst, Christus in der Kelter; Christliches Kunstblatt, 1877, S. 53 seq.

BIBLIOGRAPHIE

Wetzer-Welte, Kirchenlexikon, 13 Bde., *Freiburg i. Br. 1847—1860.*
Wimmer, O., *Die Attribute der Heiligen, Innsbruck-Wien-München 1964.*
— *Handbuch der Namen der Heiligen, Innsbruck-Wien-München 1956.*
Wirz, C., *Die Eucharistie und ihre Verherrlichung in der Kunst, Mönchen-Gladbach 1912.*
Wormsergau, Der, II, Heft 3, Worms 1938.
Young, K., *The Drama of the Medieval Church,* 2 Bde., *Yale University 1930.*
Zaccaria, *Bibliotheca Ritualis, Roma 1778.*
Ziegler, Leopold, *Überlieferung, Ritus, Mythos, Doxa, München 1948.*

Abb. 1   Metten, Hostienmühlenbild   Kapitel VII

Abb. 2   Gnadental, Hostienmühlenbild (Ausschnitt)   Kapitel VIII

Abb. 3   Eriskirch, Hostienmühlenbild   Kapitel IX

Abb. 4 Loffenau, Hostienmühlenbild   Kapitel X

Abb. 5 Malmsheim, Hostienmühlenbild (Ausschnitt)   Kapitel XI

Abb. 6   Beinstein, Hostienmühlenbild   Kapitel XII

Abb. 7   Mundelsheim, Hostienmühlenbild   Kapitel XIII

Abb. 8 Steeg, Hostienmühlenbild Kapitel XIV

Abb. 9   Siezenheim, Hostienmühlenbild   Kapitel XV

Abb. 10   Doberan, Hostienmühlenbild (als Hauptbild)   Kapitel XVI

Abb. 11   Göttingen, Hostienmühlenbild   Kapitel XVII

Abb. 12   Rostock, Hostienmühlenbild   Kapitel XVIII

Abb. 13   Padua, Hostienmühlenbild (Skizze)   Kapitel XIX

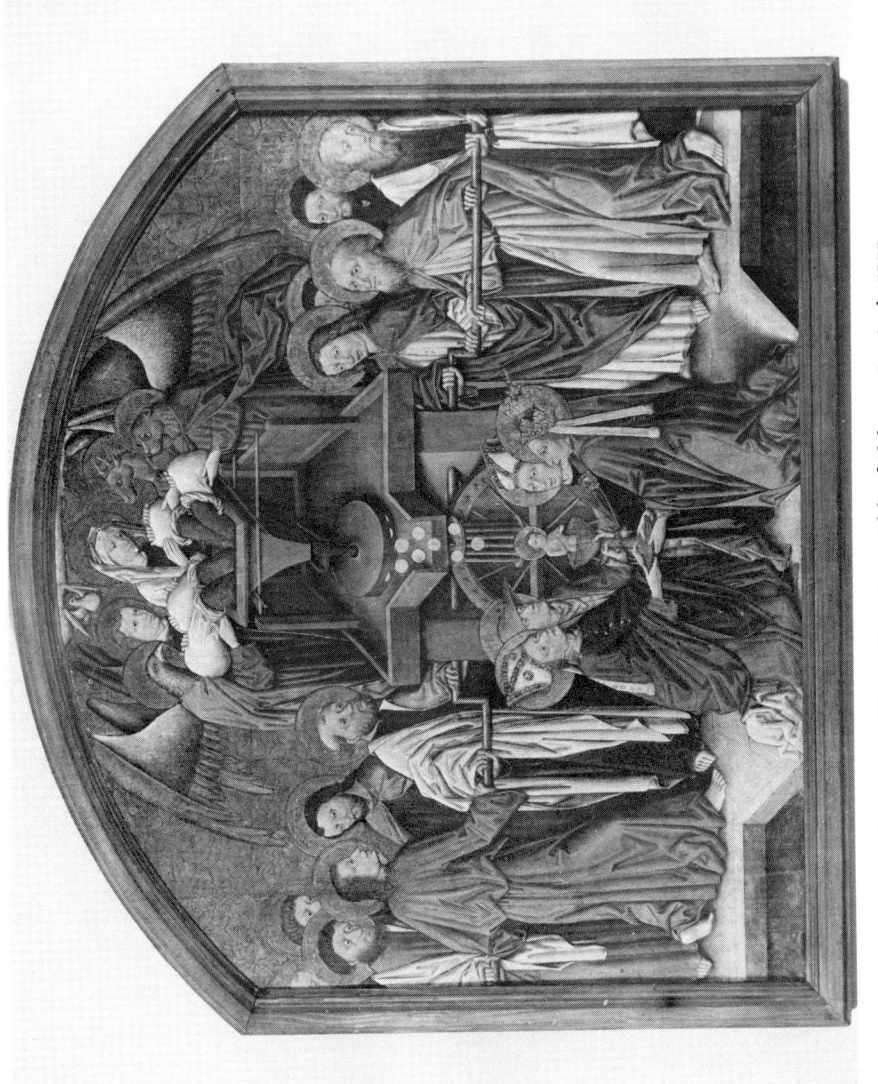

Abb. 14   Ulm, Hostienmühlenbild   Kapitel XX

Abb. 15   Retschow, Hostienmühlenbild   Kapitel XXI

Abb. 16   Tribsees, Hostienmühlenbild (Ausschnitt)   Kapitel XXIII

Abb. 17   Erfurt, Hostienmühlenbild   Kapitel XXIV

Abb. 18   Tamsweg, Hostienmühlenfenster   Kapitel XXVI

*Abb. 19 Bern, Hostienmühlenfenster (obere Hälfte,
ohne Architekturkrönung und Lancettkopf)   Kap. XXVII*

Abb. 20   Bern, Hostienmühlenfenster (untere Hälfte)   Kap. XXVII

Abb. 21   Bern, Hostienmühlenfenster (Detail: Ablution)   Kap. XXVII

Abb. 22   Nürnberg, Hostienmühlenfenster   Kapitel XXVIII

Das hond zwen sch=
weytzer bauren gemacht. Fürwar
sy hond es wol betracht.

Abb. 23   Holzschnitt («Bibelmühle»)   Kapitel XXIX

Abb. 24   Gryta, Hostienmühlenbild (Nachtrag)   Kapitel XXX